老字号数字化转型指南

“一指三力五板”全景模型与应用

潘建国　编著

企业管理出版社
ENTERPRISE MANAGEMENT PUBLISHING HOUSE

图书在版编目(CIP)数据

老字号数字化转型指南："一指三力五板"全景模型与应用 / 潘建国编著. -- 北京：企业管理出版社，2025. 6. -- ISBN 978-7-5164-3297-6

Ⅰ. F279.24

中国国家版本馆CIP数据核字第20255J1T17号

书　　名：老字号数字化转型指南："一指三力五板"全景模型与应用
书　　号：ISBN 978-7-5164-3297-6
作　　者：潘建国
策　　划：张　丽
责任编辑：张　丽
出版发行：企业管理出版社
经　　销：新华书店
地　　址：北京市海淀区紫竹院南路17号　邮　　编：100048
网　　址：http：//www.emph.cn　电子信箱：lilizhj@163.com
电　　话：编辑部18610212422　发行部（010）68417763　68414644
印　　刷：北京亿友数字印刷有限公司
版　　次：2025年6月第1版
印　　次：2025年6月第1次印刷
开　　本：710mm × 1000mm　1/16
印　　张：15.5
字　　数：220千字
定　　价：68.00元

专家荐语

《老字号数字化转型指南:“一指三力五板”全景模型与应用》是一部兼具理论高度与实践深度的匠心之作。作者具备坚实的理工科知识背景,以其参与的广州酒家、利口福、陶陶居等数字化转型案例为经纬,织就了一张老字号复兴的数字化思维路线图。其指导性、实用性、有效性毋庸置疑。

王一鸣

中国国际经济交流中心副理事长,国务院发展研究中心原副主任

从农业文明到工业文明,再从工业文明迈向数字文明,我们的品牌、我们的老字号踏上数字化转型之路,这是一段没有终点的旅程。祝贺建国博士的《老字号数字化转型指南:“一指三力五板”全景模型与应用》成功出版。

任兴洲

国务院发展研究中心市场经济研究所原所长,商务部特聘专家

中国市场学会副会长

从战略层面来看，老字号企业需充分挖掘品牌的历史文化价值，并将其与数字化时代的消费需求相融合，制定具有竞争优势的数字化战略。本书列举了部分老字号企业案例——通过数字化手段分析消费者偏好与购买行为，精准定位目标客户群体，开发契合消费者需求的新产品，成功实现品牌的时代转型。我推荐此书。

宋　则

中国社会科学院研究员，国家社科基金评审专家

“创新是老字号发展的内生动力。”这部著作恰恰为这一观点提供了方法论支撑。书中提出的“一指三力五板”模型，从战略规划、组织变革到业务落地，构建了一套完整的数字化转型指南框架。

李善民

全国 MBA 教育指导委员会委员，中山大学副校长

老字号的“老”是底蕴而非负累，数字技术的“新”是工具而非目的，二者融合的本质，是让历经岁月淘洗的商业智慧，在数字时代找到与消费者对话的新语言。书中“一指三力五板”全景模型，以数字化转型指数为“罗盘”，以战略力、执行力、变革力为“引擎”，驱动管理、供应链、智能制造、营销、服务五大板块的系统重构。

魏　杰

著名经济学家，清华大学教授

中华老字号是在中国商业文化中孕育的商业遗产，历史上曾辉煌一时，近代却呈衰退之势，“如何激活老字号”的问题因而凸显——诸多努力，却少有成效。潘建国博士主张的数字化转型开启了激活老字号的新途径，他基于亲身实践和实战经验提出了系统的实施方法模型：“一指三力五板”。期待本书能为老字号在数智化时代的新生带来突破性启示。

卢泰宏

“菲利普·科特勒国际营销理论贡献奖”大中华区首位获奖者

中山大学荣休教授

在数字化时代，如何重塑老字号品牌的商业新活力？建国博士的《老字号数字化转型指南：“一指三力五板”全景模型与应用》一书，立足深厚的学术底蕴和扎实的创新实践，系统化地给出了解决方案。该书表明，在高质量发展的新时代，老字号的数字化转型是推动商业文化繁荣与商业文明进步的一把钥匙。

秦　朔

著名财经评论家，中国商业文明研究中心发起人

《老字号数字化转型指南：“一指三力五板”全景模型与应用》的问世，宛如一盏明灯，为老字号企业在数字化海洋中破浪前行提供了清晰指引和宝贵借鉴，值得一读。

范秀成

国家自然科学基金委员会管理科学部评审专家，复旦大学教授

无论是新兴企业还是百年老店，都面临着如何在数字化浪潮中保持竞争力、实现持续增长的挑战。在当今数字经济快速变化的时代，数字化转型已成为企业生存和发展的必由之路。老字号，加油！

熊　辉

科技部项目评审专家，百度研究院前副院长

这本书是老字号企业数字化转型的宝典。它详细分析了老字号数字化转型的主要方法和成功经验，其内容应可上升为老字号数字化转型的参考标准，便于我们借鉴学习。

纪正昆

国家标准化管理委员会原主任、党组书记，中国标准化专家委员会顾问

建国教授主编的《老字号数字化转型指南:“一指三力五板”全景模型与应用》提出的“数字解法”，不仅让老字号文化得以赓续，更让工匠的传统技艺走出作坊，成为大众可感知、可参与的非遗文化符号。

乔　杰

中国烹饪协会专职副会长

现代市场经济对传统老字号在数字经济时代的发展，尤其对老字号企业的传统经营模式构成了巨大冲击。在此背景下，数字化转型已成为老字号企业实现可持续发展、延续品牌辉煌的必由之路。

赵　红

世界银行项目顾问，中国科学院大学教授

书中指出，可利用大数据分析消费者需求和流行趋势，指导产品研发与设计，推出一系列深受市场欢迎的新产品。这些成功案例表明，只要找准方向、勇于创新，老字号企业完全能在数字化时代焕发出新的生机与活力。此书的价值值得肯定。

景奉杰

华东理工大学教授，中国高等院校市场学研究会副会长

进入数字经济时代，老字号如何创新发展是一个极具挑战性的话题。今天我们看到了老字号品牌重塑的力量——建国博士主编的《老字号数字化转型指南："一指三力五板"全景模型与应用》的出版。

王先庆

中国商业经济学会副会长，著名商业经济学家

《老字号数字化转型指南："一指三力五板"全景模型与应用》展现了传统品牌智慧与现代硬核数字科技的碰撞，以产业数字化催生新质生产力。

常亚平

华中科技大学教授，《营销科学学报》专业主编

在传统老字号中植入现代"数字基因"，使老字号步入了新一轮高质量发展的快车道。《老字号数字化转型指南："一指三力五板"全景模型与应用》值得一读、一品、一做。

姚　琦

重庆交通大学教授

《老字号数字化转型指南："一指三力五板"全景模型与应用》聚焦"数字赋能、创新驱动、生态发展"，尤其是"一指三力五板"模型，未来必将助力老字号生命力出新出彩。

张初兵

天津财经大学教授

结合现代数字经济与传统品牌文化，一场以技术为舟、以文化为舵的文明摆渡正在启航——乘此舟楫，可抵达老字号成功的彼岸。诚心推荐此书。

李光斗

著名品牌战略专家

在AI+时代，如何擦亮老字号，重现其在商业时代的辉煌，我想《老字号数字化转型指南："一指三力五板"全景模型与应用》是当然之选。

孟庆鑫

华为技术有限公司BG咨询服务部首席专家

建国博士主编的《老字号数字化转型指南："一指三力五板"全景模型与应用》，以数字技术之光，照亮老字号创新与复兴之路。

蔡隆平

用友集团副总裁

数字化转型不是用机器取代工匠，而是让工匠获得数字重生，使其技艺突破生理极限，抵达新的完美境界。《老字号数字化转型指南："一指三力五板"全景模型与应用》一书超越了工具书层面，构建了一套老字号数字技术解决方案。值得品读。

魏代森

浪潮集团副总裁

《老字号数字化转型指南："一指三力五板"全景模型与应用》的价值，不仅在于提供工具与方法，更在于唤醒一种认知：数字化转型是老字号从"活下来"到"活得好"再到"活得久"的必然选择。

李　帆

金蝶软件（中国）有限公司副总裁

《老字号数字化转型指南："一指三力五板"全景模型与应用》必将以数字之笔，书写老字号在数字时代的新传奇。

张　静

阿里云广东分公司生态总监

当今世界已进入数字经济时代，老字号品牌复兴的求解路径显然可以有多种，《老字号数字化转型指南："一指三力五板"全景模型与应用》无疑提供了优选解。

宋　涛

腾讯云广东省总经理

《老字号数字化转型指南："一指三力五板"全景模型与应用》是老字号品牌未来发展的指南。

邱　俊

京东集团预制菜事业部总经理

这本书可以作为老字号在数字世界中航行的指南针、取胜的舵手。

安　扬

北京抖音科技有限公司

发扬传统工匠"精益求精""滴水穿石"的精神，叠加数字时代"敏捷迭代""用户共创"的理念。数字化不是取代工匠，而是让工匠精神插上科技的翅膀。恭喜建国兄的《老字号数字化转型指南："一指三力五板"全景模型与应用》成功出版。

胥柏波

网易游戏公共事务总经理

老字号代表历史，历史蕴含借鉴价值；数字代表文明，文明指引方向。两者结合昭示着未来可期。我看好老字号的数字化转型前景。

朱益宏

广东中大管理咨询集团股份有限公司总裁

以“一指三力五板”模型为核心的《老字号数字化转型指南：“一指三力五板”全景模型与应用》是老字号发展的一盏明灯，照亮了老字号企业在数字化进程中的探索之路。

周千定

全国优秀企业家，制造业功勋企业家

老字号焕发新活力，实现五个“出新出彩”。祝贺以“一指三力五板”模型为核心的《老字号数字化转型指南：“一指三力五板”全景模型与应用》成功出版发行。

乔　林

科特勤咨询集团（KMG）中国区资深副总裁、管理合伙人

《老字号数字化转型指南：“一指三力五板”全景模型与应用》实现了品牌战略与数字技术的有机结合，堪称一场完美的双向奔赴。

徐伟兵

中国饭店协会副会长，广东省老字号协会会长

在AI+时代，数字化转型是老字号复兴的必由之路，这是大概率事件。潘总倾力打造的《老字号数字化转型指南：“一指三力五板”全景模型与应用》是摆在大家面前的实用工具，我诚意推荐，它是你的优选。

丁惠敏

浙江省老字号企业协会执行会长

在新时代的数字化浪潮中，老字号如何让老树发新枝？本书为传统品牌的数字化转型提供了极具实操价值的解决方案，既盛得住历史的浓香，又接得了时代的活水。

苏广丰
中国商业联合会中华老字号工作委员会核心成员，广州老字号协会会长

老字号的数字化转型，不仅是商业命题，更关乎文化自信与民族产业的未来。建国教授及其团队，以理工科的严谨与扎实，结合工商管理的实践与总结，为老字号未来发展指明方向。

陆文龙
中国广告协会国际传播工作委员会执行主任

序一 数字浪潮中的老字号重生密码

陶景文

华为董事、首席信息官

当今，数字化浪潮席卷全球，传统企业面临着前所未有的挑战。对于拥有深厚历史底蕴与精湛技艺的老字号企业而言，如何在传承与创新之间寻找平衡，通过成功数字化转型实现浴火重生，已然成为老字号企业亟待解决的重大课题。《老字号数字化转型指南:“一指三力五板”全景模型与应用》一书的出版恰逢其时，为老字号企业的数字化转型之路提供了极具价值的指引与参考。

作为一名数字技术工作者，在深耕数字经济的过程中，我深知数字技术在传统产业转型升级中发挥的无可替代的关键作用。潘建国博士是我多年的老朋友，与华为也有着多方面的交流与合作。作者对老字号数字化转型的深入研究与洞察，不仅为老字号企业的未来发展开辟了全新思路，更为整个传统产业的数字化转型提供了极具启发性的有益借鉴。

数字化转型已然成为老字号的必然选择。老字号作为中华民族传统文化的瑰宝，承载着深厚的历史底蕴与独特的民族记忆。然而，在数字经济蓬勃发展的今天，老字号企业若想在激烈的市场竞争中立于不败之地，就必须顺应时代潮流，积极拥抱数字化转型。这不仅是老字号企业自身发展的迫切需要，更是传承和弘扬中华优秀传统文化的时代召唤。通过数字化转型，老字号企业能够敏锐感知市场变化，精准满足日益多样化和个性化的市场需求，从而大幅提升企业的竞争力和创新力。

数字化模型为老字号企业勾勒出转型路径。本书的一大亮点在于创新性地提出了“一指三力五板”全景模型，为老字号企业的数字化转型提供了清晰的路径与框架:“一指”即数字化运营转型指数，为企业量身定制明确的数字化转型目标;“三力”深刻强调了战略力、执行力和变革力的至关重要性，三者相互依存、相辅相成，共同推动企业的数字化转型;“五板”涵盖管理数字化、供应链数字化、智能制造数字化、营销数字化和服务数字化五个关键维度。我相信，通过本书的学习与实践，老字号企业一定能在数字化时代找到新的发展机遇，实现转型升级和可持续发展。

序二　“一指三力五板”模型：老字号数字化转型的指南针

徐习明
海康威视高级副总裁

当今时代，数字经济瞬息万变，数字化转型成为企业生存和发展不可或缺的关键路径。新兴企业也好，百年老店也罢，在数字化浪潮下都面临着同一挑战：怎样保持竞争力、实现持续增长。作为一位在科技与数字化转型领域深耕多年的从业者，我深知老字号企业在数字化转型中的独特价值与潜力。因此，当我读到《老字号数字化转型指南：“一指三力五板”全景模型与应用》时，深感这本书不仅是对老字号企业转型的深度剖析，更是指引传统企业在数字化时代前行的一盏明灯。

老字号承载着历史的厚重与文化的积淀，是中华民族商业文明的瑰宝。然而，随着科技的迅猛发展和消费者需求的不断变化，许多老字号企业面临着市场份额萎缩、运营效率低下等问题，数字化转型成为其创新发展的关键突破口。作者以清晰的逻辑和丰富的案例揭示了这一必然性——正如海康威视在智能物联领域的探索实践所证明的，只有通过技术创新和数字化转型，企业才能在激烈的市场竞争中立于不败之地。

书中创新性提出的“一指三力五板”全景模型，为老字号企业的数字化转型提供了从方法论到实操层面的完整指引：通过“一指”（数字化运营转型指数）明确目标，通过“三力”（战略力、执行力、变革力）保障执行落地，通过“五板”（管理数字化、供应链数字化、智能制造数字化、营销数字化、服务数字化）实现全面数字化覆盖。这一模型与海康威视以技术创新为驱动、以客户需求为导向的数字化转型实践不谋而合，其核心逻辑同样适用于老字号企业各环节的数字化实践。

书中还从五大关键维度切入，详细介绍了经典老字号企业的数字化转型实践。这些案例既是“一指三力五板”模型的指导成果，也是其具体应用范本，充分证明数字化转型不仅是技术的革新，更是企业运营模式和商业模式的全面升级。正如海康威视始终坚信技术创新是推动企业发展的核心动力，我们有理由期待，老字号企业在数字化的助力下将焕发出更加璀璨的光芒，为消费者创造更多价值，为行业树立新标杆。

序三　老字号数字化转型　传承中的数智化创新实践

王文京

中国互联网协会副理事长，用友网络董事长兼CEO

广州酒家是著名中华老字号，在中国尤其是大湾区具有很高的知名度和美誉度。广州酒家从U8时代（用友U8系列ERP软件推出及应用的阶段，U8系列软件于2004年发布，涵盖财务、供应链、生产制造等企业信息化管理领域）开始，与用友有近20年的信息化、数字化合作。我在用友主办的全球商业创新大会上，对本书作者潘建国博士分享的广州酒家数字化转型实践经验及成就印象深刻。

与广州酒家一样，中国很多高知名度的老字号企业，承载着几代人对经典产品和服务的记忆，也蕴含着我国悠久的文化内涵。然而，在数字技术快速发展的今天，企业管理模式、商业范式和工作方式都在快速变革。尤其是近年来AI大模型普惠化和“人工智能+”的发展，再次掀起数字化、智能化新浪潮，其冲击力和受关注度远超互联网、大数据时代。智能化进一步凝聚数字化战略共识，加速包括老字号企业在内的各类企业的数字化转型。

作者作为数字化实践的资深从业者与实战派专家，对数字化转型有着深刻的思考与洞见。他通过多年工作经验和成功实践，总结提炼出极具实操性的解决方案与方法论，在深入分析数字化转型对老字号企业的迫切性与重要性的同时，为老字号企业数字化转型提供了明确的转型路径和方向。其著作《老字号数字化转型指南:“一指三力五板”全景模型与应用》值得参考和借鉴。

作者结合实践总结提出的“一指三力五板”数字化转型模型，具有很强的实用性和通用性，能够帮助老字号企业在复杂的数字化转型过程中找到清晰方向，并形成一套可操作的转型框架。尤其是“五板”——管理数字化、供应链数字化、智能制造数字化、营销数字化和服务数字化，为老字号企业提供了具体的操作步骤和实施方法，帮助它们在转型过程中抓住每一个关键环节。

老字号企业的数字化转型不仅仅是技术的革新，更是企业文化、商业模式以及社会责任的全面革新。我相信，在本书的指导下，更多老字号企业将能够紧跟数字化时代步伐，在传承经典的基础上创新发展，让中国老字号永葆活力、基业长青，走得更远、发展得更好。

序四　以数字火种　重燃文明之光

白长虹
国务院学位委员会工商管理学科评议组成员
南开大学商学院院长

在北京同仁堂的直播间里，年轻的中药师用短视频拆解安宫牛黄丸的百年配伍哲学；在杭州张小泉的智能工厂中，一把剪刀的锻造数据被实时传输到云端，成为匠人迭代工艺的密码；在天津古文化街的泥人张工坊里，第六代传人张宇正用3D扫描技术复刻祖辈的泥塑作品……这些场景，既非对传统的背离，亦非对潮流的谄媚，而是一场关乎文明存续的静默革命——老字号的数字化转型，是以技术为舟、以文化为舵的文明摆渡。

老字号不是博物馆里的标本，而是流动的文明基因。当《老字号数字化转型指南："一指三力五板"全景模型与应用》书稿置于案头时，千百年来商脉绵延的密码跃然眼前，这些密码正被数字技术重新编译。这部作品跳出了"传统与科技二元对立"的思维窠臼，以工商管理的系统性思维，为老字号构建了一条"守魂、焕形、铸骨"的数字化转型路径。

数字化转型不是用机器取代匠人，而是让匠人获得"数字感官"，使其技艺突破生理极限，抵达新的完美境界。《老字号数字化转型指南："一指三力五板"全景模型与应用》一书超越了工具书层面，构建了一套"技术哲学"：数字化转型不是选择题，而是老字号在数字文明时代的生存语法。作者以庖丁解牛般的功力，将复杂的理论转化为可操作的"一指三力五板”模型，既有学术纵深感，又有实践穿透力。通过构建“一个数字化运营转型指数，三个力量——战略力、执行力、变革力，五项板块——管理数字化、供应链数字化、智能制造数字化、营销数字化和服务数字化”的全景架构，让百年老字号获得初创企业般的敏捷性。

“管理学的终极使命是让文明可持续”，这本书正是此命题的生动注脚。它告诉我们：老字号的未来不在博物馆的展柜里，而在数字原住民的手机屏幕中；非遗传承的真谛不能局限于固守作坊的烛火，以数字为薪，可以让文明之火更旺、视域更辽阔。

愿每一位读者，尤其是老字号人，翻开此书，都能听见历史与未来的和鸣。

序五　真正的老字号　从来都是穿越周期的革新者

杜　兰

世界数字科学院国际首席人工智能官

科大讯飞前高级副总裁

在数字化转型的浪潮席卷之下，老字号该如何焕发新生？这是每一个百年品牌都在潜心思索的时代命题。本书为传统品牌的数字化转型提供了极具实操价值的解题密钥——既能承载历史沉淀的深厚底蕴，又能拥抱时代奔涌的创新浪潮。

作者深谙老字号的骨与魂——转型不是砸碎传家宝，而是给老物件装新榫卯。老字号转型的核心痛点在于：既要守护文化基因，又要构建数字化新动能。

书中提出的“一指三力五板”全景模型，不仅为老字号企业的数字化转型提供了理论支撑，更为实际操作指明了方向。其核心在于，通过“一指”明确战略方向，通过“三力”提升组织能力，通过“五板”实现全面数字化，构建起完整的数字化转型框架。只有将技术革新与商业本质结合，才能真正激活传统品牌的新生命力。

老字号数字化转型，不是给青砖贴瓷砖式的表面改造。书中从管理数字化、供应链数字化、智能制造数字化、营销数字化和服务数字化五个方面，详细介绍了经典老字号企业数字化转型的方法和成效，不仅展示了数字化转型的具体路径，更为其他企业提供了宝贵借鉴。

当前，AI 大模型正在引发新一轮产业革命。老字号企业拥有独特的品牌资产和消费认知，若能借助书中提供的转型方略，一定能在数字化转型中实现突破，打开增长新空间。

毕竟，真正的老字号从来都是穿越周期的革新者。

序六　老字号需数字化转型修炼

姜　明

中国商业联合会会长，著名商业经济学家

在中华商业的历史长河中，老字号犹如熠熠生辉的明珠，承载着深厚的历史文化。从飘着浓郁香气的传统美食店铺，到凝聚着精湛技艺的手工工坊，每一家老字号都不仅是一个商业符号，更是工匠精神的鲜活传承载体，是中华商业文化的珍贵脉络。

然而，在当下数字化时代浪潮的迅猛冲击下，老字号品牌面临着前所未有的挑战与机遇。新兴品牌凭借数字化技术和现代营销模式迅速崛起，年轻一代消费者的需求和偏好发生了巨大变化，对个性化、便捷化的消费体验有了更高追求。但危机往往与转机并存，数字化转型为老字号开启了一扇通往全新发展阶段的大门，《老字号数字化转型指南："一指三力五板"全景模型与应用》这本书，就为老字号企业在这一关键时期提供了有力指引。

书中提出的"一指三力五板"模型，为老字号企业的数字化转型升级规划了一条清晰、可行且极具操作性的路径。一个数字化运营转型指数，能帮助企业客观、准确地评估自身数字化水平，明确转型方向与重点；战略力、执行力、变革力，从战略制定、执行落实到变革管理，全方位推动企业数字化转型；管理数字化、供应链数字化、智能制造数字化、营销数字化、服务数字化这五个板块，紧密围绕企业经营管理的关键环节，为企业实现全面数字化转型提供了详细而具体的指导。

总之，本书作者通过潜心钻研，将复杂的数字化转型理论与丰富的实践探索深度融合，为老字号企业的数字化转型之路奉献了一部极具价值的佳作。书中还详细阐述了大数据、人工智能等新兴技术如何赋能老字号企业——大数据分析助力企业精准洞察消费者需求，人工智能优化运营与服务流程，并从多个维度，对老字号企业的数字化转型升级给出了系统且全面的分析与建设性建议。

目 录

第一章　老字号数字化转型概述

第一节　老字号概述

老字号，一个饱含传奇色彩的称谓，中国人对其怀有极为特殊的情感。老字号历史源远流长，最早可追溯至秦汉时期，河南的“汝阳刘”毛笔便是例证，迄今已有2200多年历史。当前的中华老字号的创立时间大多集中在明清两代以及民国时期。

一、老字号的界定

依据商务部等部委和相关商协会发布的权威文件及政策解读，老字号是指那些历史悠久，拥有世代传承的产品、技艺或服务，具备鲜明的中华民族传统文化背景与深厚文化底蕴，并获得社会广泛认可、形成良好信誉的品牌。老字号具有以下具体核心特征：①历史年限上，品牌创立于1956年（含）以前，且发展脉络清晰、具有连续性。目前，国家层面认定的中华老字号以及大多数省份认定的省级老字号，一般要求品牌创立时间在50年以上（含）。②传承性上，须传承独特的产品、技艺或服务，在保留传统特色的同时，允许适度创新。③文化属性上，具有中华民族特色和鲜明的地域文化特征，体现出历史价值和文化价值。④企业资质上，需拥有商标所有权或使用权，且由国内资本或港澳台资本相对控股，经营状况良好，具备可持续发展能力。⑤社会信誉上，企业信誉良好，得到广泛社会认同和赞誉，无严重违法或失信记录，经济效益良好，具有较强的可持续发展能力。目前，由商务部牵头设立的“中华老字号振兴发展委员会”负责评审工作，经地方商务部门初审、专家委员会评审、社会公示等程序最终认定。老字号既是商业实体，也是文化符号，兼具物质与非物质文化遗产属性，代表着中国传统工商业的精髓。截至 2024 年，商务部认定的“中华老字号”已扩围至 1455 个，国家还通过动态监管（如年度经营报告审核等）确保老字号持续符合标准，推动其创新发展。

各省、自治区、直辖市也陆续出台各自的老字号管理办法，通常参考国家有关标准，并根据区域特点调整条件。部分省市放宽了历史年限要求，例如，2024 年广东省最新规定品牌创立 30 年以上即可，沈阳市则要求 40 年以上，但需连续经营一定年限。

老字号管理方面，我国经济第一大省广东省极具代表性。2024 年 1 月，广东省商务厅、省文化和旅游厅（文物局）、省市场监管局（知识产权局）联合制定了《广东老字号认定管理办法》（以下简称《管理办法》）。该《管理办法》涵盖总则、认定条件、申报程序、动态管理等内容，明确了认定基本条件、认定程序、动态管理机制、老字号标识或牌匾管理规则，以及各地对老字号保护、传承、改革创新给予政策支持的要求。基本条件方面，该《管理办法》从品牌和企业两个维度分别明确标准。品牌基本条件包括四个方面：①品牌创立时间在 30 年（含）以上；②具有广东民族特色和鲜明的岭南文化特征；③面向居民生活提供经济价值、文化价值较高的产品、技艺或服务；④在所属行业或领域内具有代表性、引领性和示范性，得到广泛的社会认同和赞誉。所属企业基本条件则涵盖：①在广东省行政区域内依法设立；②依法拥有与广东老字号相一致的字号，或与广东老字号相一致的注册商标的所有权或使用权且未侵犯他人注册商标专用权，传承关系明确且无争议；③主营业务连续经营 20 年（含）以上，且主要面向居民生活提供商品或服务；④经营状况良好，且具有较强的运营和可持续发展能力；⑤具有符合现代要求的企业治理模式，在设计、研发、工艺、技术、制造、产品、服务和经营理念、营销渠道、管理模式等方面具备较强的创新能力；⑥在所属行业或领域内具有较强影响力；⑦无经营异常或严重违法失信记录。

参考广东省关于老字号的管理办法，本书对老字号的界定主要是：品牌创立时间在30年（含）以上，主营业务连续经营20年（含）以上。

二、新时代老字号的发展

党的十八大以来，我国老字号发展步入快车道。2016年5月，习近平总书记考察黑龙江时指出，要改造升级老字号。2017年1月，中共中央办公厅、国务院办公厅印发的《关于实施中华优秀传统文化传承发展工程的意见》提出，实施中华老字号保护发展工程，支持一批文化特色浓、品牌信誉高、有市场竞争力的中华老字号做精做强。党的十九大报告提出要“推动中华优秀传统文化创造性转化、创新性发展”。2020年10月印发的《中共中央关于制定国民经济和社会发展第十四个五年规划和二〇三五年远景目标的建议》提出，要传承弘扬中华优秀传统文化，加强各民族优秀传统手工艺保护和传承。

2022年3月，商务部等8部门印发《关于促进老字号创新发展的意见》，提出到2025年老字号保护传承和创新发展体系基本形成。12月，中共中央、国务院印发《扩大内需战略规划纲要（2022—2035年）》，明确提出培育和发展中华老字号和特色传统文化品牌，提高供给质量，推动供需在更高水平上实现良性循环。同月，商务部等3部门联合印发《关于加强老字号与历史文化资源联动促进品牌消费的通知》，通过加强老字号文物保护利用、支持建设老字号题材博物馆、开发文化创意产品、联动文化旅游资源、营造体验消费场景等方面，促进老字号历史文化在不断激发品牌消费潜力方面发挥作用。

2023年1月，商务部等5部门联合印发《中华老字号示范创建管理办法》（以下简称《办法》）。《办法》提出，商务部负责全国中华老字号示范创建工作，会同文化和旅游部、市场监管总局、文物局、知识产权局将符合相关规定、在全国范围内具有较强示范引领性的品牌认定为中华老字号，将其所属企业认定为中华老字号企业，建立中华老字号名录。各省、自治区、直辖市和计划单列市商务主管部门会同同级相关部门负责本行政区域内中华老字号示范创建相关工作。

2024年1月9日，商务部办公厅发布《关于组织开展2024年“老字号嘉年华”活动的通知》，提出要推动老字号守正创新发展，大力发展国货“潮品”等新的消费增长点，根据“消费促进年”统一安排，组织开展“老字号嘉年华”活动。2024年3月17日，由中国食品工业协会指导，《糖烟酒周刊》、食业头条发起，广东嘉士利食品集团有限公司特别支持的“2024中华老字号创新发展论坛”在成都举办。大会围绕中华老字号发展组织了主题分享与高峰论坛，十余家中华老字号品牌共同登台发起中华老字号焕新计划，重塑老字号发展的新国潮。2024年5月11日，在中国品牌价值评价信息发布暨中国品牌建设高峰论坛上，新华社、中国品牌建设促进会、中国资产评估协会等单位联合发布“2024中国品牌价值评价信息”，佛山市海天调味食品股份有限公司、漳州片仔癀药业股份有限公司等荣登“中华老字号品牌价值榜TOP10”。2024年8月23日，第八届中华老字号博览会开幕会上揭晓了“中华老字号中医药领域TOP40”企业，同仁堂、云南白药等老字号品牌名列前茅，广东陈李济、中一药业、潘高寿药业等中医药老字号企业上榜。2024年11月7日，第四届中华老字号创新发展大会发布了《中华老字号年度发展报告（2024）》，对2023年以来各部门、各地区工作成效以及中华老字号企业创新成果进行了回顾，并对未来发展趋势进行了研判。

2025年，老字号发展呈现蓬勃态势。1月7日，全国“老字号嘉年华”暨北京“王府井金街过大年”启动仪式举行。该活动以“国货潮品，历久弥新”为主题，采取“1+3+N”形式，围绕三大主题，贯穿全年组织开展系列活动，充分展示老字号“新国潮”。活动启动以来，各地和电商平台聚焦春节消费旺季，推出100多场老字号扩消费活动。商务部重点推进的10场老字号年货大集活动，实现直接销售超5亿元，带动线上线下消费超16亿元，老字号餐饮消费同比增长13.8%。在4月举办的第五届中国国际消费品博览会上，众多老字号企业携特色产品亮相，通过打造“IP +”、创新产品、数字化营销等方式，积极转型发展，如片仔癀打造专属品牌IP，北京稻香村推出特色糕点礼盒等。

总体而言，在政策持续推动与市场积极响应下，老字号将持续释放活力，通过创新产品、拓展渠道、数字化转型等方式，不断满足消费者多元化需求，展现出“新国潮”魅力，未来有望在传承与创新中持续高质量发展，在消费市场中占据更重要地位，进一步推动中华优秀传统文化的传承与发展。

第二节　老字号数字化转型发展状况

当前，世界已迈入ABCD（AI人工智能、BI商业智能、Cloud数字云、Data大数据）驱动的数字经济时代，各行各业既迎来发展机遇，也面临诸多挑战，特别是旧VUCA（Volatility易变性、Uncertainty不确定性、Complexity复杂性、Ambiguity模糊性）带来的困扰，以及新VUCA（Vision视野、Understanding理解、Clarity清晰、Agility敏捷）勾勒的发展愿景。数字化转型成为企业从旧VUCA困境迈向新VUCA优势的重要路径，对老字号企业而言更是关乎生存与发展的必答题。以下将详细介绍老字号数字化转型的发展状况。

一、老字号数字化转型的内涵

老字号数字化转型，是指拥有悠久历史与深厚文化底蕴的老字号企业，借助大数据、云计算、人工智能、物联网等数字技术，对传统业务模式、管理体系、营销方式等进行全方位改造升级的过程。这一转型旨在提升企业运营效率、增强市场竞争力、创新产品与服务，以适应数字时代发展需求，实现可持续发展。其核心特点在于“传统基因 + 数字赋能”的双轮驱动，转型路径需聚焦文化活化、数据应用、场景创新、用户共建等维度。

二、老字号数字化转型周期剖析

老字号作为承载着历史文化与商业智慧的宝贵资源，凝聚着几代人的情感与记忆。在数字化浪潮席卷全球的当下，数字化转型成为老字号突破发展瓶颈、重焕生机的关键。深入研究老字号数字化转型的发展轨迹、阶段特征与演进周期，能够帮助我们精准把握转型规律，为老字号在新时代的持续发展提供理论与实践指导。

老字号的数字化转型是一个循序渐进的过程，通常会经历多个具有特定内涵的发展阶段。下面将从国家政策、关键事件、经济成效、时间跨度等维度出发，对老字号数字化转型进行阶段划分，力求清晰展现其发展脉络（见图 1.1）。

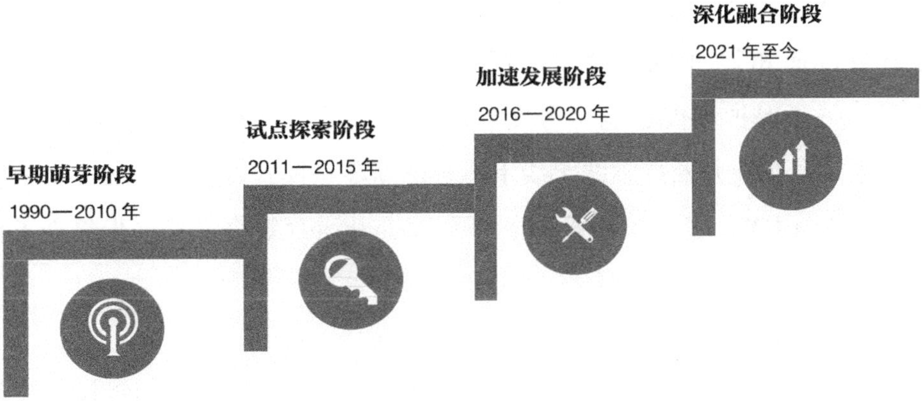

图 1.1　老字号数字化转型发展阶段

（一）早期萌芽阶段（1990—2010 年）

国家政策：该阶段尚未形成专门针对老字号的数字化转型政策，国家主要聚焦互联网基础设施建设与信息化产业扶持，为后续数字化转型奠定了基础。1993 年，国家启动“三金工程”（金桥、金关、金卡），旨在推动国民经济信息化；1994 年，《中华人民共和国广告法》出台，为品牌传播提供初步法律支持；2005 年，国务院办公厅发布《关于加快电子商务发展的若干意见》，鼓励企业利用电子商务拓展市场；2006 年，中共中央办公厅、国务院办公厅发布《2006—2020 年国家信息化发展战略》，提出利用信息技术改造提升传统产业。

关键事件：部分沿海发达地区的老字号企业开始将计算机应用于简单的财务记账和库存管理，引入用友、金蝶等办公自动化系统和财务管理软件。例如，某食品加工类老字号企业利用计算机统计每日出货量和库存数量，但多数老字号企业对数字化转型认知仅停留在表面。1999 年阿里巴巴成立，电子商务萌芽，部分老字号企业尝试通过 B2B 平台拓展销售渠道；2003 年淘宝网上线，虽有老字号企业零星入驻，但转型意识薄弱。随着互联网普及，部分老字号企业搭建官方网站展示品牌与产品信息。2005 年中国商业联合会中国老字号工作委员会成立，制定新的《“中华老字号"认定规范(试行)》;2006年商务部下发《关于实施"振兴老字号工程"的通知》,明确中华老字号认定条件;2008年,商务部等14部门印发《关于保护和促进老字号发展的若干意见》,培育知名老字号企业。部分老字号企业开始探索线上线下融合的新零售模式,应用ERP(企业资源计划)、CRM(客户关系管理)等系统提升运营效率,且逐步建立了自己的官方网站或电商平台。

(二)试点探索阶段(2011—2015年)

国家政策:2011年,《关于进一步做好中华老字号保护与促进工作的通知》发布;2013年,工业和信息化部发布《信息化和工业化深度融合专项行动计划(2013—2018年)》,推动两化融合;2015年,国务院发布《关于积极推进"互联网+"行动的指导意见》,首次提出"互联网+传统产业"融合概念,为老字号触网转型提供政策指引。

关键事件:2012年,天猫商城开设"中华老字号"专区,五芳斋、全聚德等约50家企业首批入驻。2013年,大数据技术兴起,老字号企业开始重视数据收集与分析,以数据驱动业务决策。2014年微信支付上线,老字号开启移动端营销探索。通过电商平台开展线上销售成为趋势,部分企业线上销售占比提升至10%~30%。企业大规模应用信息技术,探索线上线下融合模式,利用大数据、云计算进行精准营销与个性化服务,建立CRM系统以提升客户服务质量,还通过大数据分析指导产品研发与生产。截至2015年,商务部认证的1128家老字号中,10%开通线上旗舰店,年销售额超千万的企业约占5%。据某市场调研机构数据,通过大数据应用,老字号企业平均营销成本降低20%以上,客户满意度与复购率显著提升。

(三)加速发展阶段(2016—2020年)

国家政策:2016年,工业和信息化部发布《智能制造发展规划(2016—2020年)》,推动制造业智能化。2017年,国务院发布《新一代人工智能发展规划》，鼓励企业应用人工智能技术；2019 年，商务部等部门发布《关于促进老字号改革创新发展的指导意见》，鼓励线上线下融合，为老字号发展提供政策助力。

关键事件：2016 年，京东推出“老字号复兴计划”，为参与企业提供流量与技术支持，助力多家老字号实现线上销售额翻倍增长。2017 年，AI 技术发展为老字号提供智能客服、智能推荐等智能化解决方案。2018 年，首届数字中国建设峰会召开，数字化转型上升为国家战略，老字号企业积极响应。2020 年，受新冠疫情影响，老字号加速线上布局，通过直播带货、社群营销等方式拓展销售渠道。企业全面推进生产、销售、服务等环节的数字化转型，数字化营销成为重要推广手段，部分企业探索智慧零售、智慧工厂等新型业态。此阶段，老字号在数字化转型的投入大幅增加。据行业统计，企业平均生产效率提升约 30%，产品不良率降低，智能客服使客户满意度达 90% 以上。据天猫官方统计信息，2016—2020 年，中华老字号保护发展工程推动线上销售增速达 30%；2020 年，天猫老字号旗舰店数量达 800 家，年销售额超 1 亿元的企业占比 7%。

（四）深化融合阶段（2021 年至今）

国家政策：2021 年，工业和信息化部发布《“十四五”信息化和工业化深度融合发展规划》，推动企业数字化转型；2022 年，商务部等 8 部门印发《关于促进老字号创新发展的意见》，明确“数字化焕新”目标；2023 年，《关于加强老字号与历史文化资源联动促进品牌消费的通知》发布，推动老字号与文旅、非遗融合发展。同年，相关部门依据《中华老字号示范创建管理办法》对中华老字号进行复核，981 个通过复核，73 个附条件通过，55 家企业退出名录。

关键事件：老字号企业全面推进数字化转型，建立数字化中台实现数据共享与业务协同，部分企业利用区块链技术进行产品溯源。2021 年，商务部发布《老字号数字化转型与创新发展报告》，多家电商平台数据显示，超50%的老字号加入电商转型行列，商务部认证的1128家中华老字号中，近半在天猫开设旗舰店。随着“数字化转型”写入国家“十四五”规划，企业加大投入。2022年起，5G、物联网等新技术推动老字号探索与人工智能等技术的深度融合，实现业务模式创新升级，众多老字号通过数字化手段实现品牌年轻化。2025年，商务部主办的“老字号嘉年华”中，北京、上海等地的沉浸式体验店客流量显著增长，数字化转型成为老字号营收和利润双位数增长的重要动力。

三、老字号数字化转型的意义和价值

在数字经济时代，生产要素的核心已从农业经济时代的土地与劳动力、工业经济时代的资本与技术，转变为数据。老字号作为传统商业的瑰宝，唯有与时俱进，通过数字化转型才能在新时代焕发活力。老字号数字化转型的意义和价值如下。

（一）传承与创新相结合，延续文化生命力

老字号承载着中华优秀传统文化与历史记忆。数字化转型借助大数据、社交媒体等现代技术手段，将传统工艺、文化符号与当代消费需求深度融合。例如，吴裕泰与国家博物馆合作推出联名茶礼，将《百花图》等传统文化元素融入产品设计，既保留文化底蕴，又增强时尚吸引力。这种“守正创新”模式为文化传承提供了可持续的载体。

（二）适应消费升级需求，精准对接市场

随着消费者偏好向个性化、体验化、国潮化转变，数字化转型助力老字号精准洞察市场需求。以稻香村为例，其推出融入糕点元素的文创抱枕，并研发新式茶饮产品，通过社交平台进行传播，成功吸引年轻消费群体，满足他们对情感共鸣与品质生活的追求。商务部数据显示，2022年中华老字号线上消费同比增长30%，充分印证了数字化转型对消费潜力的激发作用。

（三）突破地域限制，实现品牌破圈发展

依托电商平台与全球化营销，数字化转型推动老字号从区域品牌向全国乃至全球品牌跨越。全聚德、张记北京烤鸭等品牌通过线上渠道拓展用户覆盖范围；护国寺小吃的外卖营收占比提升，并成为“网红打卡地”。地域限制的突破不仅扩大了品牌影响力，更有助于传播中国故事，增强文化自信，推动中国品牌走向世界。

（四）提升核心竞争力，应对市场挑战

面对新兴品牌的冲击，数字化转型成为老字号提升竞争力的关键路径。在供应链管理领域，美心餐饮与数字企业合作，通过数字化系统实现自动对账和库存优化，大幅提升运营效率；借助美团倡议的“Co-Line Marketing”等线上线下融合模式，老字号显著增强运营效率与抗风险能力。同时，绿色生产和环保经营理念的数字化实践也契合了可持续发展的社会需求。

（五）重塑企业品牌价值，增强市场竞争优势

在提升知名度与美誉度方面，老字号可通过社交媒体营销、直播带货等新型营销方式，扩大品牌曝光度。例如，大壶春利用智能 POS（销售终端）系统优化消费体验，成功塑造为上海网红品牌。

在增强差异化竞争力方面，老字号可依托独特工艺，结合用户参与式设计等数字化工具，打造个性化产品。例如，九芝堂通过线上线下协同发展，构建起差异化的健康产品矩阵。

在提升品牌溢价能力方面，老字号可借助数字化转型强化高端品牌定位。例如，茅台通过数据驱动的精准营销，巩固了其在白酒市场的溢价优势。

（六）推动经济效益增长，实现可持续发展

降本增效方面，老字号可通过供应链数字化转型显著降低运营成本。例如，美心餐饮的自动对账系统将财务处理周期从 7 天缩短至几分钟。

扩大市场占有率方面，老字号可借助数字化转型触达年轻消费群体。例如，张记北京烤鸭通过团购和外卖服务吸引"80后""90后"消费者，客流量大大增加。商务部数据显示，2022年超35%的老字号企业年销售额突破亿元，七成企业年销售额超过千万元。

（七）响应政策号召，彰显文化价值

政策支持与资源整合方面，商务部等部门出台《关于促进老字号创新发展的意见》等政策，鼓励老字号与文旅、博物馆开展联动，打造新型消费场景。例如，河南省计划到"十四五"末实现老字号营收超400亿元。作为城市文化记忆的重要载体，北京老字号街区、苏州面馆集群等老字号集聚地，不仅拉动了本地消费，更成为展示地域文化、吸引游客的重要窗口。

四、老字号数字化转型的迫切需求与驱动因素

尽管近年来老字号在数字化转型中取得一定成果，但与时代发展要求、新生代品牌相比仍存在较大差距，转型的必要性与迫切性日益凸显，主要体现在以下三个方面。

（一）政策导向与社会期待的强力驱动

在国家大力发展数字经济的背景下，政府持续释放数字化转型政策红利，老字号肩负着推动实体经济与数字经济深度融合的重要使命。商务部等8部门印发的《关于促进老字号创新发展的意见》明确提出，要加快老字号数字化转型，提升品牌竞争力。地方政府也积极响应，以广东省为例，《广东省促进老字号创新发展行动方案（2022—2025）》提出，培育老字号集聚区、特色区共10个；培育老字号（数字）博物馆、展览馆、体验馆共20个；组织开展老字号专题展销活动50场；认定100家"广东老字号"企业。

（二）市场竞争与战略转型的双重压力

当前，数字化转型已成为现代企业发展的核心战略，但老字号在这方面整体表现滞后。根据 2023 年行业调研数据，在老字号数字化转型建设成效评估中，44% 的企业认为自身转型水平处于“良好”，48% 认为“一般”，仅有 4% 认为达到“优秀”水平，这反映出转型整体成效亟待提升。同时，老字号企业在数字化技术应用、管理模式革新、企业文化重塑及专业人才储备等核心要素上存在显著短板（见图 1.2）。

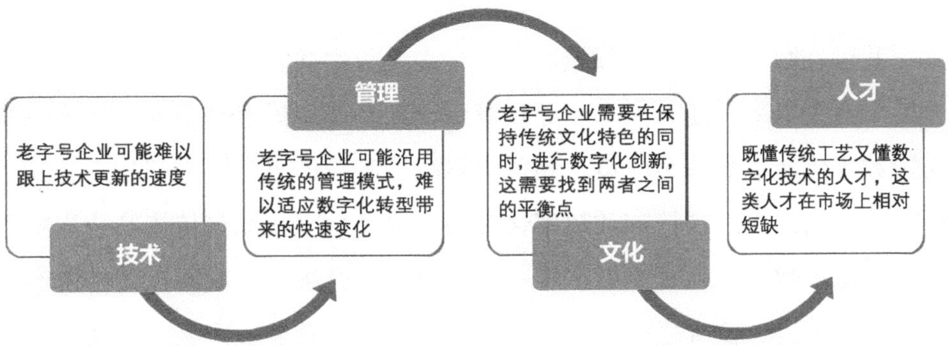

图 1.2　老字号数字化转型在核心要素上存在的短板

另外，市场环境的变化更凸显转型紧迫性。中国信息通信研究院数据显示，2024 年中国数字经济规模达 53.9 万亿元，占 GDP 比重提升至 42.8%，成为经济增长的核心引擎；截至 2024 年年底，中国网络购物用户规模达 9.74 亿人，占网民总数的 87.9%，线上渠道已成为消费者获取产品和服务的主流方式。老字号若不加快数字化转型，将难以适应市场变化，面临被淘汰的风险。

（三）供应链整合与协同发展的内在需求

传统运营模式下，老字号供应链普遍存在信息孤岛、人工管理效率低等痛点。以 2025 年大湾区老字号嘉年华活动为例，通过引入物流企业协同合作，实现了生产与消费环节的高效联动，凸显数字化整合的重要性。此外，在精准营销领域，现代企业借助数据驱动策略不断升级客群运营，但老字号在数字化工具应用上多局限于单点突破，缺乏系统性整合能力。例如，部分企业虽引入数字化营销工具提升局部绩效，但在供应链、生产、服务等环节的协同升级仍进展缓慢，难以形成全链条的数字化竞争力。

第三节 老字号数字化转型的指导原则

我国在数字经济发展领域始终推行多元策略并实施系列举措。特别是党的十八大以来，随着国家产业政策引导和企业认识水平提高，各级政府支持数字化转型的资金政策、相关优惠政策等纷纷出台。老字号企业要不断落实规划部署，加快推动数字化转型，促进数字技术与传统产业深度融合发展。以数字技术赋能老字号行业产业转型升级，对我国推动传统产业向中高端迈进、传统生产力向新质生产力跃迁具有重要意义。下面就老字号数字化转型的主要指导原则展开阐述。

一、战略规划：老字号数字化转型的主导引领

数字化转型是企业发展理念、组织方式、业务模式、经营手段等全方位的变革，需统筹规划、顶层设计、系统推进。做好企业战略规划是保障数字化转型成功的关键。一是要做好企业业务发展规划，适应数字社会和网络时代发展趋势，充分分析市场和用户需求变化，以及内外部资源禀赋，谋划数字化转型下企业业务新发展模式与推进路径；二是要做好人才保障规划，依据业务数字化转型对人员素质要求的变化，及时调配各环节人员知识结构，将信息素养作为业务人员知识标配，让人员成为数字化转型的动力；三是要做好薪酬激励规划，建立与信息技术人才社会价值相适应的薪酬激励体系，激发其干事创新活力。

二、路径选择：老字号数字化转型的成败关键

路径选择关系到企业数字化转型的成败。不同行业、不同规模的企业，因其资金保障、技术支持、业务模式等存在差异，数字化转型的路径选择也各不相同。合适的转型路径选择，有利于企业更好地充分利用各类资源，加快推进数字化转型进程。对于中小企业而言，其数字化转型的技术支撑服务更多地依托外部资源。中小企业可以借助外部力量，依托供应链上下游的协同效应，倒逼自身进行数字化转型。通过采用云计算、电子商务、智慧物流、网络安全保障等大型行业性信息技术服务商提供的服务，完善企业各环节的数字化转型保障体系。而行业大型企业在进行数字化转型时，不仅要考虑企业自身需求，还需统筹产业链上下游。除采用社会通用的信息技术服务外，大型企业还应依托自身规模优势，积极发展面向行业的专业性公共信息服务，借助专业性公共信息服务实现企业在行业中的角色转变。

三、企业上云：老字号数字化转型的重要任务

企业上云是转变企业数字化发展模式的重要途径，也是推进企业数字化转型的关键步骤。企业信息系统上云上平台，有利于业务信息系统的升级改造与互联互通，促进业务数据自由流动，更好地发挥数字化转型建设成效。具体可从以下方面推进：一是遵循先易后难、先外部后内部、促进业务创新等原则，做好企业上云规划，明确云端业务信息系统的部署需求与部署方式；二是积极推进已建信息系统升级改造并向云平台迁移，进一步提升其业务弹性负载、运维安全保障及系统互联互通等能力；三是基于云平台规划企业新建业务系统，鼓励采购成熟的 SAAS（软件即服务）云业务系统服务，或依托大型 PAAS（平台即服务）云平台开展企业业务系统建设。

四、数据打通：老字号数字化转型的技术路线

数据流是企业生存的血脉，也是企业构建数字经济时代核心竞争力的关键。打通企业各个环节留存的数据，促进业务数据在企业各环节快速流动，不仅有利于降低数据使用成本，还能以信息流带动物资流、资金流、人才流和技术流，更好地推动企业业务创新与发展方式转变。具体可从以下两方面着手：其一，构建企业大数据中心。通过统筹规划企业数据资源，建立企业基础信息库、业务信息库等，推动各类业务信息系统的数据与系统分离，实现企业数据资源的统一规划、存储和管理；其二，依据业务数据流动需求，加快企业信息系统的升级改造，推进各信息系统互联互通，确保数据能够按需在业务应用间实现无缝流动。

五、适应变革：老字号数字化转型的创新导向

企业数字化转型并非简单部署一系列信息系统就能一劳永逸，而是一个与时俱进、持续变革创新的动态过程。企业唯有适应信息技术的迭代创新、社会消费需求的演变以及社会运行模式的转型，方能使自身创新成为引领社会发展的风向标。具体而言：一是顺应信息技术变革创新趋势，持续深化互联网、大数据、人工智能、区块链等新技术的应用创新，强化对业务创新的技术支撑，充分释放新技术驱动业务变革创新的红利；二是紧跟社会消费需求变化，借助信息技术拓展服务渠道、创新服务模式、优化服务手段，为消费者提供契合其新需求的优质服务。

六、供给优化：老字号数字化转型的关键保障

当前，简单易用、标准通用、性价比高的信息产品和服务供给不足，是制约企业数字化转型速度的关键因素。大力推进面向企业的信息产品和服务供给改革，提供易装、易联、易通、易用且满足企业信息化与工业化

深度融合需求的信息产品和服务，才能彻底消除企业数字化转型的核心障碍，加速两化深度融合进程。具体可从以下两方面推进：其一，发展契合行业业务需求的专业性云服务。通过打造开放竞争的专业性云服务市场，强化云服务商之间的互联互通，破除限制云服务迁移的各类障碍；其二，推进企业数字化转型装备标准化。加快数字化转型装备在专业操作系统、设备硬件接口、网络连接协议等方面的标准化建设，促进设备间互联互通与数字应用迁移。

七、人才保障：老字号数字化转型的核心动能

企业竞争归根结底是人才的比拼。企业数字化转型并非简单的信息技术应用，而是需要打造一支能够适应数字时代业务发展的战略人才队伍。只有拥有一批具备先进数字理念、数字技能和数字业务能力的人才，企业数字化转型才能获得源源不断的动力。具体可从以下两方面着手：一是强化企业数字化转型战略人才保障。成立企业数字化转型战略研究团队，通过定期研讨、课题攻关等方式，持续深入推进企业数字化转型研究。二是夯实企业数字科技创新人才保障。提升信息技术研发、集成应用和运维保障等领域的人才比例，加强信息服务部门建设，增强其专业保障能力，以技术创新与先行应用驱动企业数字化转型。

八、体制机制：老字号数字化转型的持续动力

企业数字化转型并非简单的新一代信息技术应用，而是企业构建数字化转型条件下经营管理模式的重大变革，需要从体制机制层面加快改革创新，构建适应数字化转型发展的企业运行体制机制。具体可从以下两方面推进：其一，构建适配企业数字化转型运行的组织机制。顺应信息技术发展特点，创新企业组织管理模式，推进企业管理层级扁平化改革，合理放权，畅通信息流通渠道，减少管理冗余，提升企业对市场变化的响应速

度；其二，构建契合企业数字化转型发展的激励机制。加强对信息技术研发人才、新技术创新应用人才、数字化转型管理关键人员的激励，充分调动各方参与数字化转型的积极性与主动性。

九、强化政策与资源联动：老字号数字化转型的后盾

为推动老字号数字化转型发展，国家相关部门积极作为，接连出台一系列支持政策。例如，2022 年商务部等 8 部门印发的《关于促进老字号创新发展的意见》，从保护、传承、创新、动能培育四方面提出 13 项措施，旨在到 2025 年，老字号保护传承和创新发展体系基本形成，老字号持续健康发展的政策环境更加完善，创新发展更具活力，产品服务更趋多元，传承载体更加丰富，文化特色更显浓郁，品牌信誉不断提升，市场竞争力明显增强，对传播中华优秀传统文化的承载能力持续提高，对推动经济高质量发展的作用更加明显，人民群众认同感和满意度显著提高。2022 年 12 月商务部、文化和旅游部、文物局联合发布的《关于加强老字号与历史文化资源联动促进品牌消费的通知》，围绕资源挖掘、利用、消费潜力激发三方面，提出联动非遗、文物等资源，推动文创开发、文旅融合、数字化转型等任务。这些政策通过强化政策扶持与资源整合联动，为老字号数字化转型提供坚实后盾，助力老字号满足多元消费需求，在经济高质量发展与文化传承创新中释放更大活力。一方面，助力老字号挖掘深厚的历史文化资源，与非遗、文物、博物馆等紧密联动，开发创意产品，营造特色消费场景，释放品牌消费潜力，丰富消费供给；另一方面，推动老字号在传承传统文化的基础上，借助数字化手段实现创新发展，满足人民群众品质化、多样化的消费需求，使其在经济高质量发展与文化传承创新进程中释放更大活力，在新时代市场竞争中焕发出新的生机与魅力。

上述老字号数字化转型的主要指导原则如图 1.3 所示。

图 1.3　老字号数字化转型的主要指导原则

第四节　老字号数字化转型的发展趋势

数字化转型是一个长期且充满挑战的创新过程，需要企业保持足够的耐心，以敢于尝试、善于总结、勇于创新的态度积极推进。基于对老字号发展历程的研究和数字化转型趋势的分析，笔者结合个人认知与专业判断，提出老字号数字化转型未来发展的十大趋势。

一、强化战略引领与组织变革

调研显示，在数字经济时代，部分老字号尤其是国有老字号企业，受臃肿的组织架构和松散的管理机制制约，难以释放数字化转型活力。为此，老字号亟须组建专业的组织变革团队，制定切实可行的数字化转型战略。逐步将传统“一把手决定”的直线职能式组织结构，转变为以消费者需求为导向的去中心化架构，打破部门壁垒。借助钉钉等数字办公平台，提升组织沟通协作效率，强化基于消费者洞察的决策能力。在战略路径选择上，避免陷入完美主义误区，确保转型目标和方向正确，把握市场先机。

二、深化科技创新驱动

老字号应选择合适的领域和时机实现技术突破，积累经验后再推广应用。在智能制造领域，通过引入智能化生产设备，实现生产流程的自动化、数字化和智能化，提升生产效率与产品质量；在大数据与人工智能领域，深入分析市场需求和消费者行为，开展精准营销与个性化推荐服务。

三、夯实数字基础设施建设

面对新消费模式，数字经济通过数据“连接器”重构人、货、场关系。老字号需加强以数据为核心的基础设施建设，持续升级ERP等基础系统，逐步消除品牌与部门间的信息孤岛。通过打通线上线下会员体系与服务渠道，为企业精细化运营和管理决策提供数据支撑，充分挖掘大数据在产品创新中的价值。

四、拓展数字化传播矩阵

未来，老字号将进一步拓展数字传播渠道，整合微信公众号、微博、抖音、快手等主流自媒体平台，依托地方特色资源，构建多元化数字矩阵。通过策划购物节、博览会等活动，全渠道发布品牌内容，重塑品牌形象。同时，借助社交媒体建立数字化传播体系，优化品牌与用户的全生命周期关系，强化老字号品牌的文化内核，如同仁堂的“货真价实”、荣宝斋的“诚信为本”等。

五、创新品牌内容与场景体验

为吸引Z世代消费群体，老字号需深度挖掘品牌文化内涵，融合国潮文创、电竞、二次元等新兴元素，重塑品牌形象。在物理空间与虚拟空间中，打造“老字号+文博文创”“老字号+非遗”等特色场景，将产品购买升级为文化旅游体验，讲好品牌故事，提升品牌影响力。

六、优化用户服务与精准营销

老字号企业应依托数据分析，为消费者提供个性化产品与服务，积极运用社交媒体营销、内容营销、直播带货等新模式。同时，通过创意内容吸引用户参与，增强其品牌忠诚度。例如，广州酒家上线CRM、RPA（机器人流程自动化）、BPM（业务流程管理）、DMS（经销商管理系统）、POS、SFA（销售能力自动化）等数字化管理系统，开展精准用户画像，推进私域营销建设，实现线上线下会员联动，显著提升消费者体验。

七、加大数字化资源投入

老字号数字化转型需强化人力、物力、财力支持，尤其要重视人才培养与引进。例如，引进具有数字化思维的管理者，赋予其充分权限推动转型工作；与高校、行业协会合作开展数字化技能培训，培育数字营销、创意设计等复合型人才。同时，将数字化转型提升为“一把手工程”，设立专职管理部门，协同各部门系统推进数字化转型工作。

八、完善政策支持体系

当前，数字经济的发展和政府出台的扶持政策为老字号转型提供了有力保障。未来，需进一步优化政策供给，加大对老字号数字化转型的支持力度。例如，通过政策引导，在中国国际进口博览会、中国进出口商品交易会等展会中设立老字号专题展区，吸引全球消费者关注，助力老字号文化传播。

九、创新品牌故事数字化表达

老字号深厚的历史文化底蕴是其核心竞争力。通过数字化手段讲好品牌故事，既能塑造品牌形象，也能传承中国文化。例如，广州酒家通过数字化手段提炼广府文化特色，融入菜品与空间设计，成功实现品牌文化的跨区域传播。

十、坚定数字化转型方向

从产业链视角看，老字号数字化转型趋势清晰。在智能制造领域，与工业 4.0 深度融合，实现无人化生产与供应链协同；在营销领域，持续创新线上线下融合的消费场景，打造沉浸式体验，吸引年轻用户。企业应坚定转型信心，把握行业发展机遇，实现数字化时代的转型升级。

第二章　老字号数字化转型“一指三力五板”模型

第一节　模型解析

笔者长期投身于老字号企业工作，始终密切关注老字号发展动态，在深入研究标杆企业数字化转型实践的基础上，对自身所在企业的业务层面不断尝试转型，及时总结并沉淀了丰富的老字号企业数字化转型能力建设与运营转型经验，进而构建出一个具有鲜明老字号行业特色的数字化转型模型——“一指三力五板”模型（见图 2.1）。

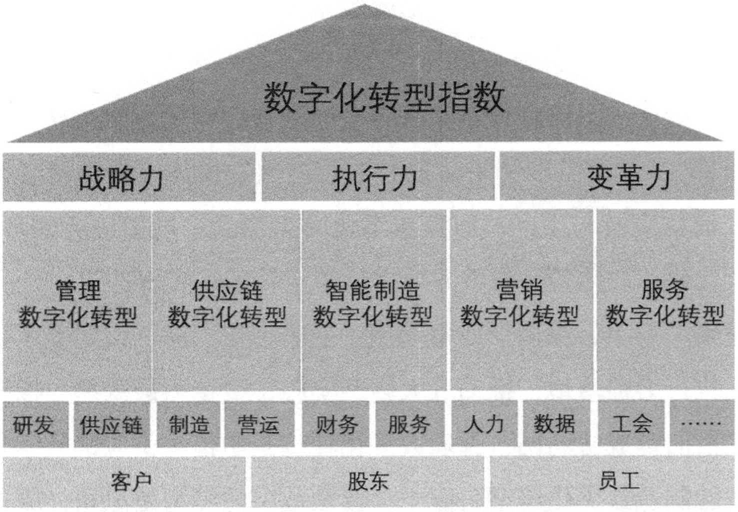

图 2.1　老字号数字化转型“一指三力五板”模型

“一指三力五板”模型是一套助力企业数字化转型的系统性架构，具体内容如下。

“一指”即数字化转型指数，它依据企业发展目标设定，贯穿企业数字决策过程，推动全员商业智能，是衡量企业数字化转型成熟度的量化结果。

“三力”包含战略力、执行力与变革力。战略力是顶层设计能力，以制定数字化转型战略地图为要，锚定数字化转型指数目标，为转型指明方向；执行力是项目落地能力，通过搭建实施体系，打通管理、供应链、智能制造、营销、服务五大核心环节，确保转型举措有效落地；变革力是组织进化能力，旨在打破数据孤岛与组织惯性，保障转型指数目标的最终达成。

“五板”指管理、供应链、智能制造、营销、服务这五大数字化转型板块。管理数字化转型构建“数字神经中枢”，作为战略与治理核心，搭建数字基座，重构治理体系、优化决策模式、建立敏捷组织，为其他领域提供战略方向与组织保障；供应链数字化转型打造“弹性响应网络”，承接营销端需求数据，打造敏捷供给响应系统，实现柔性响应；智能制造数字化转型创建“虚实融合工厂”，借助工业互联网平台等技术，基于多端数据优化生产流程，实现设备互联与柔性制造；营销数字化转型建立“精准转化引擎”，作为需求侧驱动核心，通过数字模式连接消费者，采集市场数据反哺供应链与生产；服务数字化转型形成“增值服务闭环”，借助数据分析优化客户体验，将服务数据反馈至管理端实现迭代。

在逻辑关系上，纵向形成驱动网：战略力定方向，设定数字化转型指数目标；执行力强落地，推动五大转型实施；变革力破壁垒，保障指数目标达成。横向构成协同网：管理数字化转型是中枢，供应链数字化转型是血脉，智能制造数字化转型是躯干，营销数字化转型是触角，服务数字化转型是延伸。整体呈现金字塔结构，顶层量化目标，中层三大能力支撑，底层五大领域落地价值，实现全价值链数据穿透与价值裂变，打造“数据驱动 × 业务重构”的新型企业操作系统。

另外，在“一指三力五板”模型中，研发、供应链、制造等要素，是五大转型领域所涉及的具体业务范畴和企业职能模块。它们是数字化转型的具体承载对象，贯穿于管理、供应链、智能制造、营销、服务等各个转型板块之中。而客户、股东、员工则是企业数字化转型的核心利益相关者。其中，客户是营销数字化转型和服务数字化转型的核心目标群体。股东作为企业的投资者，关注企业的数字化转型能否提升企业的核心竞争力和财务绩效，实现企业价值的增长，保障其投资收益。员工是企业数字化转型的执行者和推动者，他们的数字化能力和对变革的接受程度，直接影响着数字化转型的落地实施。同时，数字化转型也为员工带来更高效的工作方式和职业发展机会。

总的来说，“一指三力五板”模型通过对这些要素的统筹和协同，实现企业内部资源的优化配置和外部价值的最大化创造，构建起一个有机的数字化转型生态系统，推动企业在数字经济时代持续发展和创新。

第二节 数字化转型指数

老字号企业的数字化转型进程中，数字化转型指数是一个关键衡量指标。企业可依据自身发展规划，在特定时期内设定明确的数字化转型指数目标。例如，在“十四五”期间，规划从某一数字化发展层级向更高层级迈进。然而，该指数能否达成以及达成的实际水平，本质上涉及数字化转型成效的评价问题。

自20世纪80年代后期开始，计算机科学家和社会各界就一直关注企业信息化和数字化的效益产出问题。如何科学、准确地评估数字化转型的效果，衡量其成熟度和转型水平，一直是业界和学界关注的焦点。例如，在信息化和数字化方面的投入会带来怎样的效益？多长时间内能够看到效益？确实，数字化转型投入产生效益需要一个过程，但从长远来看，效益是明显的。直到 2020 年，美国学者 Erik Brynjolfsson 等的研究表明，企业在 IT 资本中每投入 1 美元，大约可推动 10 美元的市值增长，而在其他类型资产投入中，仅能带来约 1 美元的回报。

在数字化转型投入与产出关系研究的方法论方面，研究视角涵盖产业、商业、使用、功能、实施等维度。构建一套完善的数字化转型效果评估指数体系，对于企业清晰了解自身在数字化转型过程中的位置、发现存在的问题与不足、制定针对性的改进策略，具有至关重要的意义。本节将重点探讨数字化转型指数问题，介绍几个具有较大影响力，用于衡量数字化转型成熟度、程度和水平的指数。在实际工作中，我们通常可用其中一个或几个这样的指数来评估数字化转型成果。

一、埃森哲数字化转型指数

2018 年，国际知名研究和咨询公司埃森哲首次发布了以“创新驱动，高质发展”为主题的中国企业数字化转型指数报告。此后，埃森哲连续多年开展中国企业数字化转型指数研究，追踪企业的数字化成熟度和转型历程。埃森哲数字化转型指数可对企业的数字化转型成熟度进行全面评估，描绘各行业在数字能力构建历程中所处的位置，并与数字化转型领军者进行对标。例如，在数字渠道与营销维度，企业能针对客户个性化需求实现精准营销，构建线上线下全方位渠道，并保障自身及客户的数据隐私安全；在智能生产与制造维度，企业运用数字技术实现敏捷开发，基于数字平台开展合作研发，达成智能制造与柔性供应链；在产品与服务创新维度，企业可对现有产品和服务进行数字化升级改造，开发智能产品或服务，并基于用户个性化需求提供定制化产品或服务。

2023年，基于数字化转型的新内涵，埃森哲对数字化转型指数框架进行升级，其对原有的企业数字化转型能力进行迭代与扩展，识别出五大关键能力：开创竞争新前沿、全局性拉通、打造数字核心、融入可持续、释放人才力量。其中，“开创竞争新前沿”强调企业要设定面向未来的目标，提前布局并定义未来所需能力；“全局性拉通”方面，企业需要打造无障碍的生态化组织，构建智能生产和柔性供应链，重塑业务流程，实现业务数据驱动的自主决策与响应，并且通过孵化和并购持续优化业务组合，打造以客户为中心的体验与互动连接，持续推进敏捷的产品与服务创新；“打造数字核心”要求企业以云为先构建基础设施，管理和优化所有云平台，利用大模型构建现代化数据平台，充分运用人工智能工具；“融入可持续”意味着企业要制定可持续的战略与愿景，开发可持续的业务与产品，实现可持续的企业运营；“释放人才力量”则关注企业如何通过一系列措施充分发挥人才价值，适应数字化转型需求。埃森哲新的数字化转型指数体系共分三级，涵盖五大维度、18个二级指标和48个三级指标，分值范围为0~100。数据由下至上逐级加总并取平均值，最终得出数字化转型指数总分，100分代表当前可预见的最先进数字企业状态。

2024年，埃森哲中国企业数字化转型指数再次重塑，呈现以下亮点。①以价值为导向：企业需要以新的竞争前沿为目标，采用全局视角，对基本流程、工作方式和决策过程进行重新设计，打破职能、部门间的壁垒，在关键领域进行战略性投资，打造护城河。②构建新型数字核心：数字核心是企业实现战略目标和价值的关键，随着技术的不断发展，企业需要采取灵活且可扩展的架构策略，建设与人工智能相匹配的新能力，并能有效、安全地融合各类技术要素，服务转型需要。③重塑人才和工作：企业应把人放在变革的核心，制定组织战略、定义新的工作方式和流程、加强培训、实现技能提升，并利用新技术改善员工体验，提高生产效率。企业管理层需要增强对人工智能技术的认知和应用，提升“硬”实力和“软”

技能，全面领导企业重塑。④打造负责任的AI：企业应建立明确的指导原则，搭建治理框架，以确保人工智能的设计、部署和使用符合法律和伦理。企业应当确保AI模型的透明度，清楚了解其工作原理和数据处理方式，并在运营管理中加强对风险的把控。

二、IDC数字化转型指数

作为全球领先的技术研究与咨询机构，IDC（International Data Corporation）为帮助企业评估其数字化转型的现状与效果，提出了数字化转型评估工具——IDC数字化转型指数。该指数并非单一指标，而是构建了一个多维度、多层次的指标体系，力求全面、客观地反映企业在数字化转型中的发展水平。

IDC数字化转型指数围绕战略与领导力、客户体验与创新等5个核心维度展开评估。企业通过对这5个维度的综合评估，可全面衡量自身的数字化转型水平，明确转型进程中的优势与不足，为后续制定针对性的转型策略提供依据。其中，战略与领导力是数字化转型的基础。IDC认为，企业的数字化转型战略和领导力是决定数字化转型能否成功的关键因素，通常包括高层支持、战略清晰度、资源配置、领导力与变革管理能力。客户体验与创新涵盖客户洞察与数据利用、创新能力、全渠道体验、客户反馈与响应速度。技术架构与平台包括技术基础设施、大数据与人工智能、技术整合与互操作性。运营效率与流程优化包括自动化与智能化、业务流程数字化、数据驱动的决策支持。组织文化与变革管理体现在数字化人才与技能、跨部门协作与敏捷性、文化转型。

IDC通常采用成熟度模型来评估企业在数字化转型过程中的进展和成熟度。该模型基于战略、技术、运营、文化和领导力等多个关键维度，评估企业在不同阶段的数字化转型状态，助力企业识别自身优势与改进空间，进而明确下一步的转型目标和行动计划。IDC的数字化转型成熟度模型主要分为初始、发展、转型、成熟四个阶段，每个阶段都有特定的评估标准和特征，企业可通过评估所处阶段来了解自身数字化转型水平。

三、Gartner 数字化转型指数

国际知名研究和咨询公司 Gartner 长期致力于协助企业规划和执行数字化转型战略。其中，数字化转型指数是其核心评估工具。Gartner 数字化转型指数通过多维度框架衡量企业数字化转型成熟度，帮助企业识别转型进展、挑战及潜力。Gartner 数字化转型指数的关键维度包括：①数字化转型战略。通过该维度可评估企业是否具备清晰且可执行的转型战略，以及该战略与业务目标、市场趋势的契合度，包括高层支持、战略愿景与适应性等内容。②技术能力。通过该维度可评估企业在云计算、人工智能等前沿技术的应用集成情况，以及 IT 架构灵活性、技术团队专业度等方面的成熟度。③运营效率。通过该维度可考察企业通过自动化技术、数据驱动决策等方式优化业务流程、降低成本、提升生产力的效果。④客户体验。通过该维度可评估企业利用数字技术实现个性化服务、增强数字渠道互动，以及优化客户反馈机制的能力。⑤数据与分析能力。通过该维度可衡量企业在数据全生命周期管理、预测决策、安全合规等方面的表现，强调数据驱动业务创新与风险管理的效能。

Gartner 数字化转型指数不仅覆盖多维度评估，还通过打分体系量化企业转型成熟度。Gartner 数字化转型指数综合企业在战略、技术、运营等维度的表现，形成综合得分，并划分为以下五个等级。①非常低（0~20 分）：企业几乎未开展数字化转型，完全依赖传统模式；②低（21~40 分）：转型起步缓慢，技术应用零散且整合不足；③中等（41~60 分）：部分业务实现数字化，但尚未渗透核心流程；④高（61~80 分）：数字化全面嵌入业务，显著提升效率与体验；⑤非常高（81~100 分）：企业成为行业标杆，

技术与业务深度融合，具备高度敏捷性和创新性。

四、数据管理能力成熟度评估模型（DCMM）

在我国国家标准层面，对数字化转型成熟度的探索已取得诸多成果。其中，GB/T 36073-2018《数据管理能力成熟度评估模型》（DCMM）和国家推荐标准 GB/T 43439-2023《信息技术服务数字化转型成熟度模型与评估》是典型代表。特别是 DCMM，作为我国首个数据管理领域的国家推荐标准，采用对标管理方式，能够全面识别和定位企业数据管理所处发展阶段与未来方向。其旨在帮助企业运用先进的数据管理理念和方法，建立并评价自身数据管理能力，持续完善数据管理组织、程序和制度，为各行业、企业的数据管理能力体系建设和数字化转型工作提供标准方法与基础支撑。

DCMM 兼具科学性、系统性和实用性，总结提炼了数万家企业以价值为导向、能力为主线、数据为驱动开展转型的共性规律与良好实践。它从转型战略、能力、技术、管理、业务等方面，系统引导企业分级分类发展，适用于各类行业、不同类型和规模的组织，且已获得大量企业实践的检验与认可。

DCMM 按照“往哪走”“做什么”“怎么做”“结果如何”的思路，围绕数字化转型发展战略、新型能力、系统性解决方案、治理体系、业务创新转型等方面，系统指导企业推进转型工作。数字化转型成熟度等级可帮助组织依据自身现状和业务目标，明确转型工作所要达成的成熟度等级目标，并根据目标等级的分级特征和要求，制定详细的转型工作路径和细分目标。成熟度等级分为五个层级，自低向高依次为一级、二级、三级、四级和五级。

五、中小企业数字化水平评测指标

为助力中小企业数字化转型，工业和信息化部办公厅组织相关单位共同制定了《中小企业数字化水平评测指标（2022年版）》，并于2022年10月5日发布。老字号企业在推进数字化转型时，可参考这一测评指标，大致了解自身的转型指数情况。

目前使用的《中小企业数字化水平评测指标（2024年版）》延续2022年版整体架构，从数字化基础、经营、管理、成效四个维度综合评估中小企业数字化转型发展水平，并对评测方式进行了调整优化。其中，数字化基础、管理和成效这三个维度采用评分的方式确定等级，数字化经营部分用场景等级判定的方式确定等级。

数字化基础维度涵盖设备系统、数据采集、信息系统、信息安全4个二级指标，涉及网络建设、设备数字化率、设备联网、数据采集、信息系统、网络安全、数据安全7个采集项。比如通过了解企业是仅建成简单的工控网络，还是已搭建能实现大规模设备、人员与信息系统互联的应用系统网络，来评判其网络建设情况。

数字化管理维度包含规划管理和要素保障两个二级指标，如企业对数字化的认识与执行水平，是否制定并实施数字化规划、建立相关管理制度，以及在数字化人才建设和资金投入方面的情况等。例如，企业若定期组织员工去数字化建设成效较好的同行业公司参观交流，增强数字化转型意识，这在规划实施方面可作为积极表现。

数字化成效维度从绿色低碳、产品质量、市场效益等方面进行评估，考量企业数字化改造后每百元营业收入中综合能源消费量的变化、产品质量提升情况，以及市场表现和价值效益等。比如对比企业数字化改造前后的综合能源消费量，判断其在绿色低碳方面的成效。

数字化经营维度由产品生命周期数字化、生产执行数字化、供应链数字化、管理决策数字化 4 个一级指标，以及 16 个二级指标组成，这些指标均为中小企业数字化转型的应用场景，并对应用场景进行了等级划分。

依据数字化基础、管理及成效评测得分和数字化经营应用场景等级判定（须同时满足两部分要求），中小企业数字化水平被划分为 4 个等级：一级（初始级）、二级（规范级）、三级（集成级）、四级（协同级）。一级要求评测得分≥ 20 分，同时满足不少于 6 个应用场景（其中不少于 3 个约束性场景）等级需达到一级；二级要求评测得分≥ 40 分，同时满足不少于 6 个应用场景（其中不少于 3 个约束性场景）等级需达到二级；三级要求评测得分≥ 60 分，同时满足不少于 8 个应用场景（其中不少于 5 个约束性场景）等级需达到三级；四级要求评测得分≥ 80 分，同时满足不少于 10 个应用场景（其中不少于 6 个约束性场景）等级需达到四级。若企业无法满足最低一级的相关要求，则归类为无等级。

最后，需要特别指出两点：一是老字号企业若想应用某个指数或模型，可通过提出该指数的公司官网联系其咨询团队，定制评估及转型方案；也可下载相关标准，自行构建评估及转型方案；还可以聘请相关咨询公司代为实施。二是我国相关行业、咨询企业等提出了多个数字化转型成熟度测评模型与测评标准，本节仅列举部分具有代表性、典型性和特色性的数字化转型成熟度、程度及水平衡量指标与方法。各老字号企业可结合自身实际情况，自主选择适用的指数评估方法。

第三节　数字化转型中的三个关键力量

数字化转型中有三种关键力量：战略力、执行力、变革力。这三种力量构成了老字号数字化转型可持续发展的核心能力体系。战略力指组织基于宏观环境洞察与资源整合能力，制定前瞻性目标并优化资源配置的能力，其核心在于把握市场趋势、明确竞争定位，通过差异化路径创造长期价值，例如借助规模经济或品牌壁垒形成竞争优势；执行力是将战略转化为具体成果的操作能力，涵盖目标分解、流程优化与团队协作三个维度，高效执行力需将战略拆解为可量化指标；变革力指推动组织突破路径依赖、适应环境变化的创新能力，包含危机应对、流程重构与文化重塑。战略力提供方向指引，执行力确保落地效率，变革力则通过动态调整来弥合战略与环境的偏差，三者形成“规划—执行—迭代”的闭环，缺一不可。

一、战略力

老字号数字化转型战略力，是指老字号企业在数字化时代，为实现可持续发展，制定并执行有效数字化转型战略的综合能力。从管理过程维度考察，具体包括以下五个方面。

一是洞察思考能力：要求企业能够敏锐感知宏观环境变化，如政策法规调整、经济形势波动；精准把握行业动态，包括新兴技术应用和竞争对手转型举措；深入了解消费者需求演变，捕捉个性化、便捷化消费趋势，从而提前捕捉数字化转型机遇，应对潜在挑战。例如，商务部等8部门印发的《关于促进老字号创新发展的意见》中提到引导老字号企业将传统经营方式与大数据、云计算等现代信息技术相结合，升级营销模式，发展新业态、新模式，营造消费新场景。实践中，不少老字号积极响应，通过建立跨部门协作机制，设立“数字化创新中心”等专项小组，统筹技术、运营、供应链等部门，打破传统部门壁垒，挖掘转型资源。

二是战略规划能力：体现在全面深入的内外部环境分析，确立清晰且符合组织长远发展的数字化转型目标，设计涵盖业务模式创新、技术应用路径、组织架构调整等方面的科学转型路径，并制定包含资源配置、时间节点、阶段目标的详细实施计划。行业数据显示，56.5%的上海老字号已制定数字化转型战略，34.8%正在规划。部分头部老字号，例如，杏花楼、大富贵，通过协同发展战略力、组织力、品牌力实现突破；沈大成通过简化审批流程，将新品上线周期从3个月缩短至1个月。同时，美团推出的“老字号数字化转型培训计划”，也助力老字号规划人才培养，推动数字经济落地。

三是资源整合能力：强调高效整合企业内外部资源，包括人力、物力、财力等有形资源，以及技术、数据等无形资产。企业可通过与科技公司、互联网平台开展战略合作，实现资源优势互补。例如，庆丰包子铺通过小程序实现“线上下单 + 门店自提”，订单处理效率提升40%；玉堂酱园引入智能灌装设备，酱料产能从日产量5吨提升至15吨，人力成本降低30%；五芳斋与顺丰合作冷链物流，实现全国48小时送达，损耗率降至3%以下，有效提升了供应链协同效率与成本效益。

四是创新驱动能力：鼓励企业突破传统思维与经营模式，探索新兴技术在产品研发、生产制造、营销服务等环节的创新应用，推动商业模式、运营管理、客户体验等全方位创新。例如，稻香村创新性地应用MVP（最小可行性产品）测试，在推出“糕点盲盒”前，先通过私域社群进行小范围试销，优化后上线首月销量达到可观规模。

五是持续评估与调整能力：需构建科学合理的数字化转型评估指标体系，定期对转型效果进行量化评估，并根据市场变化、技术发展及企业内部情况，及时调整转型战略与实施策略。例如，全聚德将线上销售额占比、用户复购率等纳入门店经理绩效考核，通过与奖金挂钩的方式，激励员工推动数字化转型。

若要形成企业的数字化转型战略力，可从以下五项修炼入手。

一是统一战线修炼：统一思想，解决不想转、不能转、不敢转的问题。通过优化组织机构、推进自动化办公、统一人力资源财务管理等方式，促进业务模块下沉，加强数字化转型文化建设，实现上下协同一致。企业数字化转型是一场全面的管理变革，需从愿景和长远业务战略出发制定转型战略，并通过有效执行实现业务模式、产品服务等方面的全面变革。

二是外部合作修炼：明确合作方向、内容、方式、程度与时机，积极借鉴垂直领域数字专家的经验。例如，在食品安全、舆情监测、商业智能、营销等领域，与刻度嘟嘟、数说故事、奇点云等专业机构开展合作。

三是深入调查修炼：运用PEST分析、BCG分析、SWOT分析等方法，将企业团队打造为数字化转型变革的先锋。领导者需敢于突破思维局限，以愿景激励团队，坚定变革信念，在转型过程中带领团队克服困难、共同成长。

四是评估审计修炼：借助咨询公司建立的数字化转型指数模型、能力模型、成熟度模型，或自行开展评估，确定企业数字化转型能力等级与发展方向。例如，广州酒家与广州数字科技集团合作，对数字化转型投入绩效进行评估。

五是战略地图修炼：参考评估模型，制定切实可行的数字化转型战略。企业不仅要自我评估、对标国内一流企业，更要敢于定义世界一流标准，探索具有中国特色的管理模式。

二、执行力

老字号数字化转型执行力，是指企业在推进数字化转型过程中，将战略规划转化为具体行动，并达成转型目标的能力。它涉及组织协调、资源配置、沟通协作等多个方面，是企业获得竞争优势的基础。在此过程中，BSC（平衡计分卡）、KPI（关键绩效指标）、KRA（关键结果领域）等工具可发挥重要作用，但关键在于责任到人。从管理职能维度考察，具体执行力包括以下三个方面。

一是技术层面的执行力：企业需选择并引入适合自身业务需求的数字化技术，如云计算、大数据分析、人工智能等，并将其应用于生产、运营、管理等各个环节。例如，护国寺小吃通过外卖业务将营收占比从2%提升至12%；苏州面馆通过餐饮供应链数字化平台优化采购；同庆楼通过管理数字化转型提升门店服务质量与用户体验。

二是组织层面的执行力：数字化转型往往伴随组织结构调整、工作流程再造和企业文化变革。企业需具备强大的组织动员和协调能力，确保员工积极适应变化，形成转型合力。例如，美团等平台为老字号提供数字化转型运营培训，帮助其升级人才结构；大壶春利用智能POS系统缩短收银时间，提升消费体验。

三是项目层面的执行力：数字化转型是复杂的系统工程，需遵循项目管理规范，进行规划、执行、监控、评审和调整。例如，吴裕泰与国家博物馆合作推出联名茶礼盒，通过文化赋能推动产品与服务创新，强化品牌文化属性。

若要提升企业的数字化转型落地执行力，可从以下六个维度入手。

一是明确战略目标并分解：将宏大的战略目标细化到部门和员工，使每位员工清楚自身任务与公司整体目标的关联。

二是建立清晰的责任制：确保每项任务责任到人，并建立与目标执行挂钩的考核和奖励机制。

三是分权赋能与授权：赋予一线部门决策权力，从战略共识、资源配置、能力建设等方面解决授权问题。

四是定期跟踪与反馈：定期召开执行进度会议，分析执行情况，针对问题及时调整战略，确保精准落地。

五是强化沟通：鼓励跨部门沟通协作，确保信息流畅传递，使各团队理解战略核心目的。

六是层层分解战略：将公司级战略层层落实到各级岗位，与员工日常工作挂钩，确保工作方向明确。

三、变革力

老字号数字化转型的变革力，是指通过数字技术与传统商业模式的深度融合，推动企业在产品、服务、管理、营销等领域的系统性革新，激活品牌价值，提升市场竞争力，构建可持续发展的核心驱动力。这种变革力涵盖技术应用、文化传承、用户互动、产业链重构等多个维度。从管理职能维度考察，具体变革力包括以下五个方面。

一是观念变革力：老字号企业需摒弃传统保守思维，树立数字化转型理念，以开放心态拥抱新技术和创新理念。例如，恒顺醋业通过天猫消费数据分析，推出“酸甜辣”风味组合装，精准匹配年轻家庭需求，单品年销售额突破性增长；部分老字号通过挖掘历史消费数据，提升客群需求预测准确率。

二是组织变革力：打破传统组织架构和管理模式，建立适应数字化转型的新型组织架构，如成立专门的数字化转型部门，明确各部门职责，加强协同合作。例如，美团的“老字号数字化转型培训计划”累计培训超5000人，帮助上海34%的老字号引入互联网高管，优化团队；同时，美团为3900家老字号门店提供品牌认证，强化品牌保护与合作意识。

三是技术变革力：积极引入大数据、人工智能、云计算、物联网等先进技术，升级改造生产、销售、管理等环节，提高运营效率和竞争力。调查显示，老字号数字化转型的变革力体现在技术渗透率提升、用户结构优化、文化创新力增强及政策协同度提高等方面。

四是产品与服务变革力：借助数字化手段深入了解消费者需求，创新产品设计和服务模式。例如，同庆楼通过中央厨房与冷链技术，实现90%菜品标准化生产，提升门店扩张效率；采用ERP系统优化库存，实现供应链实时联动，库存周转率提升25%。

五是营销变革力：从传统营销向数字化营销转变，利用社交媒体、电商平台、直播等新渠道和新手段进行品牌推广和产品销售。例如，2024年，40%的上海老字号餐饮品牌在线销售实现正增长，沈大成、鲜得来等品牌连续两年保持增长；上海鲜得来借《繁花》电视剧热度开展城市IP联动，线上曝光量提升50%。

若要形成企业的数字化转型落地变革力，可从以下六个关键要点入手。

一是建立强大的变革管理组织：由高层领导组成变革管理组织，确保变革工作具备权威性和强制性，有效推进变革进程。

二是制订合理的变革计划：变革计划应涵盖企业战略目标和年度经营目标，明确实施步骤和时间表，使变革过程有序可控。

三是团队协同诊断：通过团队协同诊断，研判业务与组织发展趋势，分析现实问题，确定企业发展的主要矛盾，扩大变革同盟圈层，打造强大的变革团队。

四是人员培训与教育：通过培训，使员工明确变革目的和意义，更好地执行变革计划，确保员工理解和接受变革。

五是评估变革能力：使用系统评估工具和变革能力指数，帮助管理者了解公司变革能力，从而更好地应对变化。

六是应对外部环境变化：成功变革是组织对外部环境变化的理解与应对、内部能力建设以及卓越领导力三者的有机结合。

第四节　数字化转型领域的五大板块

数字化转型领域涵盖管理、供应链、智能制造、营销、服务数字化转型这五大板块，它们逻辑关联紧密，共同构建起企业数字化转型的整体框架。管理数字化转型作为核心枢纽，凭借数据驱动重构组织架构与业务流程，为其余板块转型筑牢底层支撑；供应链数字化转型聚焦端到端透明协同，为智能制造精准供应物料并实现柔性响应；智能制造数字化转型以生产自动化为核心，实时产出设备数据，助力供应链排产优化；营销数字化转型借助客户画像与全渠道触达获取市场数据，推动服务体系自动化与个性化响应；服务数字化转型促使服务数据回流至管理中枢。如此一来，形成“管理数字化转型—供应链数字化转型—智能制造数字化转型—营销数字化转型—服务数字化转型”的“管理统筹—供应链协同—智能制造执行—营销获客—服务增值”闭环生态。五大转型以数据为纽带，管理为中枢，通过前后端联动，实现价值链穿透。图 2.2 总体呈现了数字化转型五大板块的具体关系与进化路径，以下将逐一展开介绍。

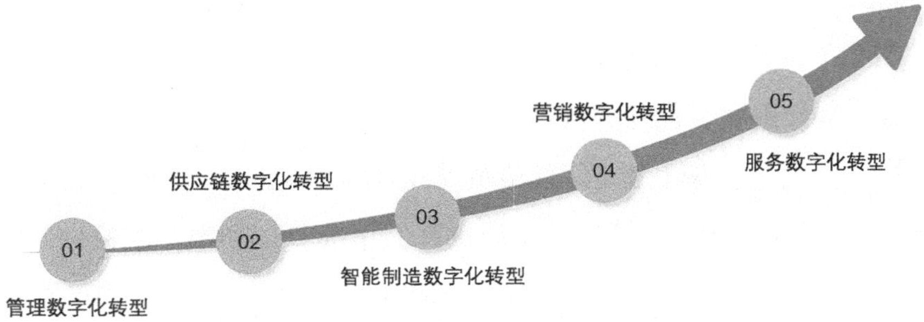

图 2.2　数字化转型五大板块关系与进化路径

一、管理数字化转型

管理数字化转型是指企业通过云计算、大数据、人工智能等数字技术，对管理模式、业务流程及组织架构进行的系统性变革。在老字号企业中，管理数字化转型涉及的主要技术软件产品如下。

OA（办公自动化）系统：整合文档管理、流程审批、即时通讯等功能模块，实现信息化、无纸化办公，打破部门信息壁垒，提升内部协作效率。

HRM（人力资源管理）系统：涵盖人事档案、招聘、培训、绩效等全流程管理，通过集中存储员工信息，确保数据准确性，优化人力资源管理效率。

FSSC（财务共享服务中心）：通过标准化、流程化操作，集中处理财务数据，实现流程自动化和资源优化，降低运营成本，支持战略决策。

BI（商业智能）系统：通过数据整合、清洗、多维分析和可视化技术，从多源数据中提取价值，为企业运营和决策提供支持。

RPA（机器人流程自动化）：基于预设规则，由软件机器人自动执行数据录入、文件传输等重复性任务，减少人为错误，提升处理效率。

CMS（合同管理系统）：实现合同创建、审批、签署到执行的全流程自动化，支持模板管理、电子签名和实时监控，降低管理风险。

AMS（审计管理系统）：自动化审计计划、任务分配和报告生成流程，实时监控审计进度，保障合规性，识别潜在风险。

EMS（设备管理系统）：覆盖资产采购、登记、维护到报废的全生命周期，借助条码、RFID 等技术实现资产的精准管理和实时监控。

此外，还包括 KM（知识管理）、EIP（企业统一门户）、PMS（项目管理系统）等管理数字化系统。

进入 2025 年“AI+”时代，管理数字化转型中的 AI 应用成为行业焦点，多种先进技术和模型备受瞩目。

AIGC（人工智能生成内容）：可自动生成文本、图像、音频等内容，应用于新闻撰写、营销素材制作等场景，支持大规模、个性化内容生产，但存在原创性争议。

AGI（人工通用智能）：区别于单一功能 AI，具备人类级别的推理、学习和自我改进能力，可实现跨领域的智能决策。

ChatGPT：基于大型语言模型的聊天机器人，支持定制化对话交互。

Sora：OpenAI 推出的文生视频模型，定位为“世界模拟器”，通过集成业务流程提升工作与决策效率。

DeepSeek（深度求索）：2025年国内涌现的AI模型，可基于业务场景构建高级算法，用于预测、优化和智能决策。

此外，豆包、文小言等国产大模型也达到较高水平。企业需结合实际需求，选择适配的AI技术工具。

二、供应链数字化转型

供应链数字化转型是指企业运用物联网、大数据、人工智能等技术，集成供应链计划、采购、生产、物流等环节数据，创新业务流程与协作网络，推动供应链从线性模式向动态协同网络转变。老字号企业在供应链数字化转型中主要涉及以下技术软件产品。

OMS（订单管理系统）：整合电商、线下门店等多渠道订单，实现订单自动化处理、库存实时监控和物流跟踪，避免超售与库存积压。

SRM（供应商关系管理）系统：从基本信息、资质能力到供货绩效，对供应商进行全方位管理，优化采购流程，降低采购成本。

WMS（仓库管理系统）：实现仓库库存控制、货物追踪、订单处理的数字化管理，提升仓储作业效率和准确性。

TMS（运输管理系统）：涵盖发货计划制订、运输模式优化、承运人选择、货运账单处理等功能，支持国际运输全流程管理。

此外，还包括S&OP（产销协同）系统、BMS（计费管理系统）等数字化系统。

三、智能制造数字化转型

智能制造数字化转型是基于工业互联网、人工智能、物联网等技术，对制造全生命周期（设计、生产、供应链等）数据进行实时采集与深度分析，从而重构制造业务流程和组织架构的系统性变革。具有一定规模的老字号品牌企业，其智能制造数字化转型主要涉及以下技术软件产品。

PLM（产品生命周期管理）系统：覆盖产品设计、制造、销售、服务全流程，实现产品信息的协同管理，提升研发与生产效率。

MES（制造执行系统）：连接企业计划层与车间控制层，实时采集生产数据，优化排产调度，监控生产状态，保障产品质量，降低库存成本。

IIoT（工业物联网）：通过设备互联和数据采集，实现生产过程监控、自动化流程优化和预测性维护，减少设备停机时间。

AGV（自动导引运输车）：在工业场景中无需人工操作，通过激光、磁条等导航技术，自动完成货物运输，适用于仓储、装配等重复性作业场景。

此外，还包括APS（高级计划与排程）系统、QMS（质量管理系统）等智能制造数字化系统。

四、营销数字化转型

营销数字化转型是指企业利用大数据、人工智能等技术，重构以客户为中心的营销全链路，实现业务流程在线化和数据驱动决策。老字号企业在营销数字化转型中主要涉及以下技术软件产品。

MAS（营销自动化系统）：整合客户数据和行为分析，实现营销线索获取、培育到转化的全流程自动化，降低人工成本，提升营销精准度。

TPM（营销费用管理）系统：针对消费品企业，实现营销预算编制、活动费用申请和销售费用的全流程管理。

SFA（销售能力自动化）系统：通过销售预测、漏斗管理和报价合同管理，自动化销售流程，提升销售团队效率和转化率。

DMS（经销商管理系统）：集成订单、库存、客户关系管理功能，优化经销商运营效率，支持多渠道订单处理和客户满意度提升。

KA（关键客户）渠道数字化管理系统：实现关键客户渠道的订单处

理、促销管理、财务对账等自动化，提高数据处理准确性。

此外，还包括 POS（销售终端）系统、一物一码系统等营销数字化工具。

五、服务数字化转型

服务数字化转型是指企业运用人工智能、大数据、物联网等技术，重构服务流程与交互模式，实现以客户为中心的服务全链路在线化和智能化。老字号企业在服务数字化转型中主要涉及以下技术软件产品。

CRM（客户关系管理）系统：整合客户信息、销售、服务和市场活动数据，提供完整客户视图，支持客户需求分析、销售流程自动化和营销策略优化。

RMS（预订管理系统）：常用于酒店、餐饮等行业，整合多渠道预订数据，实现实时更新和高效处理。

ICS（智能客服系统）：一种融合人工智能技术（如自然语言处理、机器学习、语音识别等），实现自动化客户服务、提升沟通效率的工具。

MMS（会员管理系统）：用于企业对会员信息、权益、消费数据等进行集中管理，以提升会员黏性和营销效率。

对话式 BI：结合自然语言处理和大模型技术，支持用户通过对话方式进行数据分析，提供可视化图表和深度洞察，支持多轮交互。

此外，还包括 CDP（客户数据平台）、VR/AR（虚拟现实 / 增强现实）等服务数字化系统。

第三章　管理数字化转型

第一节　管理数字化转型概述

一、管理数字化转型的内涵

管理数字化转型是借助云计算、大数据、人工智能、物联网等新一代ICT（信息与通信技术）工具，重构组织流程，实现“业务数据化”与“数据业务化”双向闭环的过程。其核心在于打破部门壁垒，构建扁平化组织架构，支撑实时决策，最终形成“流程标准化—数据资产化—管理智能化”的运营体系，达成降本增效与敏捷响应的协同升级。

这一转型并非简单的管理方式数字化，而是对企业管理理念、模式、方法及工具的全面革新。其本质是技术与业务的深度融合，通过技术手段解决管理难题，提升管理效能。同时，企业需营造开放、创新、协同的文化氛围，鼓励员工积极参与，共同推动转型与创新发展。

二、管理数字化转型的价值

管理数字化转型的价值体现在运营与管理效率提升、决策能力增强、客户体验优化及创新驱动发展等多个关键领域，具体如下。

（一）提升运营效率与管理效率

借助智能化、自动化技术，企业可实现运营流程的数字化与智能化管理。这不仅能优化生产运营流程，减少人工干预，提升业务处理速度与准确性，降低运营成本，还能有效规避人为错误与资源浪费，显著提高企业管理水平与执行效率。例如，智能客服、自动化招聘、员工体验平台等技术的应用，大幅提升了管理效率。

（二）增强决策能力

管理数字化转型赋能企业提升数据获取、分析及价值创造能力。企业可通过大数据、物联网、移动终端等数字技术，获取海量业务数据、现场数据及消费数据，再运用大数据分析与人工智能技术进行深度挖掘，将数据转化为可支撑决策的信息与算法，快速应对复杂问题，显著提升决策效率与准确性。

（三）优化客户体验

管理数字化转型打破传统行业边界，推动跨界融合与生态共建。企业可通过数字化渠道与客户高频互动，快速响应客户需求，提升客户满意度与忠诚度；同时，与不同行业、领域的企业深度合作，可实现资源共享、优势互补，共同打造产业生态圈。

（四）创新驱动发展

管理数字化转型助力企业精准把握市场与客户需求，挖掘新的商业机会，识别潜在风险。同时，转型推动企业内部创新文化形成，激发员工创新活力，为企业发展注入持续动力。此外，企业还可借助数字化技术探索新商业模式与盈利路径，推动产品创新、业务流程优化，实现管理与流程的全方位创新，培育新的增长极。

三、管理数字化转型的特征

通过管理数字化转型构建新型能力，大部分企业已实现财务、资源管理的信息化，并持续推动转型向纵深发展。这一过程呈现出以数据管理为基础、新技术驱动经营管理智能化升级、聚焦能力体系建设三大核心特点，具体如下。

（一）以数据管理为基础

在复杂多变的宏观经济环境与“四新经济”（新技术、新业态、新产业、新商业模式）快速发展的背景下，企业经营面临诸多挑战。为应对经营风险，企业需加速新技术变革与管理模式创新，通过数字化工具对“人、财、物、产、供、销”六大核心要素进行全面管控，并将其转化为数据资产。以数据规范管理为切入点，运用数据分析技术深度挖掘数据价值，为管理决策提供精准、高效的支撑。

（二）新技术驱动经营管理智能化升级

大数据、人工智能、机器学习等智能化技术是企业提升智慧运营能力的关键引擎。这些技术能够从海量数据中提炼深度洞察，助力企业实时制定科学决策、优化客户体验并实现业务突破。以生成式 AI 为例，2023 年 ChatGPT 的全球爆火与 2025 年 DeepSeek 引发的应用热潮，均推动了技术迭代升级。企业可结合具体业务场景，构建并训练高级算法模型，实现预测、预警与流程优化，为智慧运营和智能决策提供技术支持。

（三）聚焦能力体系建设

随着数字技术与实体经济的深度融合，企业加速推进管理数字化转型，通过生产方式、业务形态和商业模式的颠覆性重构，以能力体系建设为核心构筑产业竞争新优势，重点体现在以下两个能力维度。

智能决策能力：企业通过标准化、规范化管理数据采集、清洗、建模、展现、应用及溯源全流程，以价值创造为导向，构建覆盖各管理层级的智能决策支撑体系。借助数字化工具采集销售、客户反馈、生产、供应链等多维度数据，通过深度分析挖掘市场趋势、客户行为及生产效率等关键信息，为决策提供数据驱动支持。

业财协同能力：企业通过全面梳理和优化业务流程，依托中台系统贯通前端业务与后端财务，构建业财资税档一体化管控体系。该体系在实现纵向层级管控的同时，打破部门壁垒，实现业务与财务的横向协同，提升企业整体运营效率。

四、管理数字化转型的分类

管理数字化转型是企业运用信息技术与数字技术，通过计划、组织、指挥、协调和控制等手段，对人力、物力、财力和信息等资源进行高效分配与利用，以达成组织目标的系统性行动。企业的管理数字化转型覆盖预算、风控、绩效、资金、资产等多个领域。事实上，企业对管理模式的改善与革新自信息化时代便已开启，例如财务管理软件提升了财务精细化水平，办公自动化与移动办公系统打破组织层级壁垒，加速内部信息流转，结合人力资源管理系统进一步优化管理架构，减少冗余岗位。综合来看，管理数字化转型主要可划分为决策支撑类、战略管控类、财务管控类、业务管控类四大核心类别。

（一）决策支撑类

决策支撑类在传统分析应用的基础上，引入大数据与移动应用等前沿技术，为企业各管理层级提供更及时、精准、全面的信息数据服务。通过建立主数据管理模型，统一规范企业内部各系统的数据传输逻辑，确保数据架构稳定高效，推动跨部门信息互联互通，消除信息孤岛，实现数据价值的最大化共享，进而为管理层决策提供实时、准确的统计分析依据。

（二）战略管控类

战略管控类聚焦管理与业务的信息化协同，将全面预算管理、业务控制、绩效评价、智能分析等深度融合，形成闭环管理体系。同时，借助互联网、大数据等信息技术，打通战略规划、执行、评估的全生命周期业务链，通过整合分析海量数据，优化投资决策流程，提升项目执行效率与质量，强化投资业务对企业战略目标的支撑作用。

（三）财务管控类

财务管控类致力于构建“主干统一、末端灵活”的财务标准化体系，实现会计制度、会计科目、会计凭证、业务流程、财务报告、财务评价体系的“六统一”。同时，依托工作流程优化、影像管理、移动应用等技术，支撑财务共享服务中心高效运营，推动财务管理模式创新，优化核算财务、战略财务、业务财务的职能结构，为企业发展提供标准化、平台化的财务服务。

（四）业务管控类

业务管控类旨在打造上下贯通、内外协同的一体化办公管理模式。通过系统梳理专业管理流程并进行优化，完成管理流程的电子化升级，替代传统手工审批，显著提升工作效率与协同沟通效能。在人力资源管理领域，借助员工轨迹追踪、移动考勤、实时考核等创新手段，将组织经营目标与员工行为管理有机结合，强化战略执行能力。此外，通过纵向层级与横向部门间的互联互通，推动财务业务深度协同，实现对集团采购、库存管理等业务的精准管控与智能分析。

第二节 老字号管理数字化转型概述

一、老字号管理数字化转型的特征

老字号企业因其深厚的历史底蕴与独特的经营模式，在推进管理数字化转型过程中展现出区别于普通企业的显著特征。这些特征主要体现在文化传承与技术融合的平衡、数据整合与利用的困境、人才结构与观念的制约，以及品牌保护与技术安全的考量等方面。

（一）文化传承与技术融合的平衡

老字号作为历史文化的活态载体，需将独特的文化基因以数字化形式精准呈现并融入管理实践。例如，老字号中药企业的传统炮制工艺蕴含着千年智慧与文化精髓，在转化为数字化操作标准与流程时，既要确保工艺的科学性与规范性，又需保留其文化韵味，这对专业知识与数字技术深度融合的工艺管理提出了极高要求。

此外，在引入数字化技术时，老字号需确保技术应用与品牌文化理念、价值取向相契合。以强调手工匠心的老字号为例，在采用自动化生产技术提升效率时，需谨慎权衡技术优势与传统工艺传承的关系，避免因过度追求效率而丧失品牌的文化内核。

（二）数据整合与利用的困境

历经漫长发展，老字号沉淀了海量历史数据，但这些数据普遍存在存储分散、格式不统一、规范性差等问题。如老字号餐饮企业的客户消费数据，可能分散在纸质账本、老旧收银系统及员工工作笔记中，数据整合、清洗与标准化处理难度极大，严重制约了大数据分析技术在企业高效经营管理中的赋能应用。

同时，老字号还拥有诸多独特数据资源，如传统配方、客户口碑等，这些数据蕴含巨大商业价值。然而，受限于专业数据分析能力与技术手段的缺失，其潜在价值尚未得到充分挖掘与有效利用。

（三）人才结构与观念的制约

老字号普遍面临人才结构老化问题，既精通传统业务又掌握数字化技术的复合型人才严重匮乏。由于传统薪酬体系与职业发展空间的局限性，老字号企业在吸引数字化转型人才方面竞争力不足，人才招聘与培养面临重重挑战。

此外，部分管理层与员工受传统经营思维束缚，对数字化转型技术的接受度与应用积极性较低。他们习惯了传统管理与运营模式，对新技术带来的变革存在疑虑与抵触心理，阻碍了数字化技术在企业内部的推广与落地。

（四）品牌保护与技术安全的考量

老字号品牌往往具有极高的市场价值与社会影响力，因此在数字化转型过程中，数据安全与隐私保护成为重中之重。老字号企业需采取严格措施防范品牌数据泄露，避免因信息安全问题损害品牌形象。

在运用数字化技术开展营销等活动时，老字号企业对品牌形象维护更为谨慎。例如，在社交媒体营销中，企业需确保宣传内容精准契合品牌文化定位与形象特质，避免因技术应用不当引发品牌声誉风险。

二、老字号管理数字化转型面临的主要挑战

老字号企业在推进管理数字化转型进程中，受自身特质与外部环境影响，面临多重复杂挑战，主要体现在战略认知偏差、组织协同不足、技术迭代压力及项目实施难题等层面。

（一）战略认知偏差：将转型局限于技术层面

许多老字号企业将管理数字化转型简单等同于硬件设备更新、软件系统升级或引入新 IT 系统，忽视了其作为企业整体战略转型的本质。这种认知偏差导致企业未能从组织文化重塑、业务流程再造、客户体验升级等多维度进行深度变革，使得数字化转型仅停留在表面，难以实现战略目标。管理数字化转型的核心在于通过技术驱动，推动企业经营模式、管理理念的全面革新，若缺乏系统性战略规划，将严重制约转型成效。

（二）组织协同不足：部门间职责认知割裂

部分老字号企业将管理数字化转型片面归为 IT 部门的职责，忽略了其他业务部门在转型中的关键作用。实际上，数字化转型需要技术与业务的深度融合，涉及企业全组织的协同变革。若各部门缺乏有效沟通与协作，仅由 IT 部门主导推进，易出现技术应用与业务需求脱节、流程改造

难以落地等问题，阻碍转型进程。

（三）技术迭代压力：资源投入与应用滞后

面对快速发展的数字化技术，老字号企业需持续投入资源进行技术更新与应用实践，不仅要对硬件设备、软件系统进行迭代升级，还需引入大数据、人工智能等新技术。然而，受限于资金、人才等因素，老字号企业往往难以跟上技术发展节奏，导致技术应用滞后，无法充分发挥数字化技术对企业管理的赋能作用，削弱了企业在市场中的竞争力。

（四）项目实施难题：忽视转型的复杂性与长期性

部分老字号企业对管理数字化转型的复杂性与长期性认识不足，盲目追求快速见效，启动大规模数字化项目。由于项目规划与执行缺乏充分调研和可行性分析，在实施过程中遭遇技术瓶颈、流程冲突等诸多困难，最终导致项目失败。与之相反，若老字号企业能从局部小项目入手，积累经验后逐步推广，则可更有效地控制风险与成本，保障转型稳步推进。

三、老字号管理数字化转型的关键原则

管理数字化转型不仅是技术与业务问题，更是关乎企业管理体系与战略方向的系统性工程，其成败深刻影响企业的发展前景。尽管不同类型企业的转型路径存在差异，但仍需遵循一系列共性关键原则。结合老字号企业的特殊性，这些原则在实践中需注重文化传承与创新发展的平衡。

（一）对标一流，靶向提升转型能力

世界一流企业在数字化建设中积累了丰富经验，形成了“产品卓越、品牌卓著、创新领先、治理现代”的核心优势。老字号企业在对标时，需结合自身行业属性与管理基础，精准选择对标对象，借鉴其成功实践，快速提升竞争力与创新力。

分析一流企业转型路径可知，其普遍通过构建大平台、云上一体架构，强化数据治理与智能决策能力，实现战略闭环管理；推进业财一体

化、核心业务数字化管控，优化资源配置；打造人力资源、财务等共享服务模式，提升资源协同效率。老字号企业可参照这些经验，结合自身品牌特色，制定适配的数字化提升方案。

（二）战略融合，驱动业务与技术协同

管理数字化转型需以业务需求为核心，避免单纯技术堆砌导致资源浪费。老字号企业应将数字技术作为实现业务创新的工具，围绕企业战略分解出的公司战略、业务战略与职能战略，推动技术与业务深度融合。

公司战略明确企业发展方向，业务战略聚焦各业务领域竞争策略，职能战略则为业务提供支撑。其中，信息化与数字化战略作为职能战略的重要组成部分，需紧密贴合业务需求。老字号企业可从自身特色业务出发，如传统工艺传承、特色产品创新等，以数字化手段解决业务痛点，实现战略目标。

（三）聚焦主线，深化管理变革创新

数字化转型并非简单的流程线上化，而是依托数字技术对企业商业模式、业务模式与管理模式的全方位重塑。老字号企业需抓住变革主线，实现系统性升级。

商业模式变革是转型的核心，要求企业把握新商业机会，同步调整业务与管理模式。业务模式变革则通过技术优化业务流程，如财务共享中心、人力共享中心的建设，既改变业务运作方式，也重塑组织架构。老字号企业应立足自身文化优势，在变革中保留品牌特色，实现传统与创新的平衡。

（四）平台赋能，构建生态协同网络

数字化转型本质是提升企业资源整合能力，需依托技术平台与生态伙伴实现内外部协同。老字号企业可从以下三方面发力。

泛在互联，打通内外部链路：通过安全高效的技术平台，实现企业内部人、物、组织间的全连接，以及外部与客户、供应商、监管单位的互联互通，奠定数字化转型基础。

能力沉淀，提升价值创造效能：推动财务、采购等能力共享，将业务与技术能力沉淀于平台，以服务形式快速响应业务需求，增强企业敏捷性。

生态合作，实现共赢发展：联合技术伙伴打造技术平台，选择具备技术先进性、服务持续性、行业理解力的合作伙伴；与业务伙伴共建生态，实现资源互补与商业共赢。

（五）敏捷迭代，持续优化转型路径

面对快速变化的市场需求与技术更新，老字号企业需遵循“持续迭代、螺旋上升”原则，建立分级迭代机制，主要包含以下三方面内容。

单系统功能级迭代：针对业务需求变化，对单个系统功能进行升级。此类迭代周期短、影响范围小，需与业务部门紧密协作，纳入月度工作计划，确保充分测试验证。

平台综合能力级迭代：涉及某类业务或业务线流程优化，影响范围广、测试工作量大，通常纳入年度计划，统筹推进。

产品系列级迭代：作为影响全局的重大迭代，需在整体规划指引下，制定详细步骤，分阶段实施，并及时复盘纠偏，保障战略目标实现。

四、老字号管理数字化转型的保障体系

为确保老字号管理数字化转型工作平稳有序推进，需构建涵盖高层引领、文化塑造、人才建设等多维度的保障体系。该体系以战略统筹为核心，以组织协同为支撑，为老字号企业在数字化浪潮中实现传统与创新的融合发展提供坚实保障。

（一）强化高层引领，驱动战略转型

管理数字化转型是涉及企业全方位变革的系统工程，需高层领导尤其是“一把手”发挥核心引领作用，从战略层面统筹推进。

1.“一把手”工程的必要性

老字号管理数字化转型涵盖资源整合、业务重构、技术应用等多领域升级，本质是企业战略的重塑过程。“一把手”凭借对企业发展方向、使命愿景及资源能力的深刻理解，能够立足全局，精准锚定转型重点与未来方向，亲自主导这场组织变革，确保企业在数字化转型中保持战略定力，实现可持续发展。

2.“一把手”的核心关注点

在转型进程中，“一把手”需重点聚焦战略融合与顶层设计。一方面，将管理数字化转型深度融入企业战略，认识到其对企业战略的引领与促进作用，视其为企业新时期发展的核心驱动力；另一方面，基于数字化认知，提出清晰的数字化愿景与目标，通过全景式顶层设计为数字化转型提供战略指引。在顶层设计推进过程中，需充分调研各方需求，兼顾统筹实施与差异管理，以坚定信念确保转型蓝图落地。

（二）塑造数字化文化，凝聚数字化转型共识

企业文化是数字化转型的软性支撑，创建适配的数字化文化对老字号企业尤为关键。

1. 数字化文化的内涵

数字化文化因企业行业属性、规模、转型阶段而异，但普遍包含四大核心要素：战略匹配，即文化服务于转型战略；数据思维，强调以数据驱动决策；协同共赢，促进跨部门协作；风险意识，鼓励创新并包容失败。数字化文化与战略需相互协调，共同推动转型战略的有效实施。

2. 数字化文化的创建路径

企业家作为文化创建的首要推动力，需亲自推动企业文化改造。通过持续与员工沟通，营造适度紧迫感，使其认识到转型与自身利益息息相关；同时，建立健全激励机制，对积极参与开放共享的员工和部门予以奖励，以制度保障促进部门协作，推动数字化文化融入企业运营的各个

环节。

（三）建设数字人才团队，夯实数字化转型根基

人才是数字化转型的核心资源，老字号企业需构建结构合理、能力适配的数字业务综合人才团队。

1. 数字化组织架构与人员能力

常见的数字化组织转型模式包括成立独立数字化板块 / 公司和传统信息化部门转型。前者需注重数字化业务与传统业务的协同，后者要求 IT 部门从被动响应转向主动驱动业务转型。无论采用何种模式，均需从决策、实施、业务等维度打造数字化团队。

2. 数字化决策机构

数字化领导者需具备敏锐的数字化思维与业务洞察力，精准把握转型切入点，推动企业内外部数据互动与模式融合。

3. 数字化管理实施部门

作为执行主体，负责转型工作的计划、执行及资源调度，由各领域专业人才组成，确保数字化产品落地。

4. 数字化业务部门

由数字化业务人才构成，其与技术团队的融合程度直接影响转型成效，需明确双方定位，促进协同创新。

6. 数字化业务人才

覆盖营销、财务等多领域，需立足业务需求提出数字化方案，推动技术与业务深度融合，创造实际价值。

7. 数字化人才发展策略

企业应将数字化人才培养纳入长期战略，从两方面发力：一是树立正确人才理念，制定适配的人力资源政策，避免人才“水土不服”或流失；二是基于转型需求开展人才盘点，明确岗位能力要求，掌握人才供给情况，为人才储备与规划提供科学依据。

五、老字号管理数字化转型的实施方法

推进老字号管理数字化转型是一项系统性工程，需分阶段、有步骤地实施。如图 3.1 所示，转型过程大致可分为顶层设计、平台建设、持续推进三个阶段，细化为十个步骤。以下将从实施原则、咨询规划、实施项目管理三方面展开详细阐述。

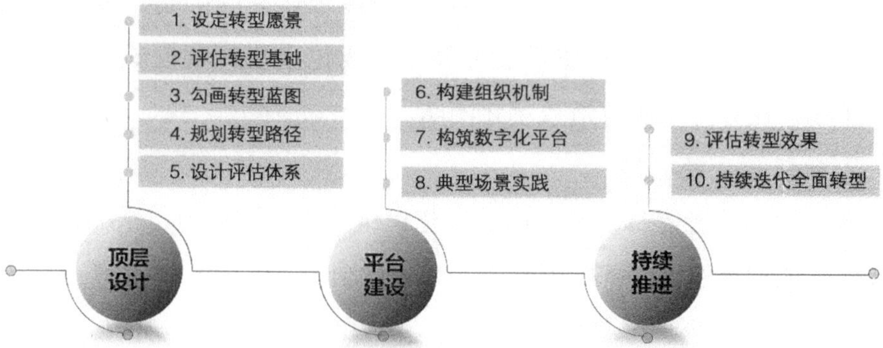

图 3.1 老字号管理数字化转型阶段

（一）实施原则

统一集约原则：坚持集中领导、统筹协调，通过科学规划逐步解决分散投资、重复建设、信息孤岛和资源浪费等问题，立足企业实际，推进统一集约建设，实现资源高效利用。

战略引领原则：以企业发展战略总体规划为导向，紧密结合老字号经营管理特色，规划数字化建设蓝图与 IT 治理体系，确保整体规划全面契合企业战略需求，支撑老字号传承与创新发展。

技术先进原则：综合考量技术发展主流趋势，探索云计算、大数据、物联网、移动应用等技术在老字号数字化建设中的应用模式。同时，平衡技术先进性与成熟性，在追求创新的过程中，有效规避新技术带来的不确定性与潜在风险。

（二）咨询规划

老字号企业的管理数字化咨询规划是一个全面系统的过程，涵盖现状与需求分析、数字化战略与蓝图规划、实施路径规划等核心环节。

1. 现状与需求分析阶段

此阶段旨在通过战略解读、现状剖析与最佳实践分析，梳理企业数字化建设需求。

具体目标包括：解读企业战略与发展愿景；评估业务现状，分析数字化业务驱动力；从 IT 管控、数字化系统、技术架构等方面开展差距分析。

实施过程中，需深入理解业务战略与定位，剖析业务驱动力与愿景，明确业务数字化需求，界定业务对 IT 的未来需求，并研究行业信息化成功经验。同时，梳理现有 IT 战略、组织管控模式及 IT 架构（含信息系统、基础架构、安全、标准等）。

2. 数字化战略与蓝图规划阶段

此阶段致力于规划企业数字化建设蓝图框架，内容包括数字化战略定位与目标、应用架构蓝图、数据架构蓝图、技术架构蓝图及 IT 治理蓝图。

具体目标包括：明确数字化总体战略与愿景，统筹规划数字化蓝图，设计数字化治理体系。

该阶段最终形成《数字化系统蓝图规划报告》，详细阐述数字化系统蓝图规划、功能架构、集成关系、基础设施部署方式及安全策略。

3. 实施路径规划阶段

此阶段将 IT 蓝图规划整合为数字化建设项目包，分析项目包实施优先级，结合企业资源约束，确定关键时间节点任务，形成数字化项目实施路线图。

具体目标包括：规划数字化项目组合，完成项目优先级与依赖性审查；划分实施阶段，明确阶段目标，制订项目实施计划与路线图；分析项目收益与风险，估算项目费用。

该阶段最终输出《数字化实施路径规划报告》，为企业数字化建设提供清晰的实施路径与费用估算参考。

（三）实施项目管理

老字号管理数字化转型实施项目分为专业应用系统建设与通用系统建设，主导部门与权责分工有所不同。专业应用系统建设建议由业务部门主导，业务部门全程深度参与，负责资金预算、立项审批、业务需求、系统功能设计及测试等工作，并评估系统应用推广效果；IT 部门则负责项目管理、技术支持与安全保障。通用应用系统建设建议由 IT 部门主导，相关业务部门参与组建项目组，负责业务需求与系统功能工作，协同 IT 部门推进项目实施。

在项目实施过程中，企业可根据实际需求引入外部专家与合作伙伴，实现资源共享、优势互补。以下针对数字化项目过程管理展开具体说明。

项目管理是在项目活动中运用知识、技术、工具与方法，对项目进度、成本、质量、人力资源等进行计划、组织、指导与控制，以满足或超越项目相关方期望，实现项目目标的过程。

基于实践经验，项目管理生命周期划分为项目定义、项目计划、项目实施与控制、项目收尾四个阶段（见图 3.2）。在项目建设前期，需全面梳理优化现有业务流程，消除断点与瓶颈，提升业务效率与客户满意度。项目经理依据项目章程制订实施计划，识别项目干系人，定期召开例会，跟踪进度、管理风险，确保项目按计划推进。项目组可采用封闭管理模式，由提出单位与使用单位安排人员全程参与，执行专项任务。项目组需定期向领导小组汇报项目重大变更、关键人员或供应商变动及主要费用支出等情况，并按计划完成需求设计、概要设计、详细设计的编制与评审，推进数字化系统的设计、开发、测试与版本发布。

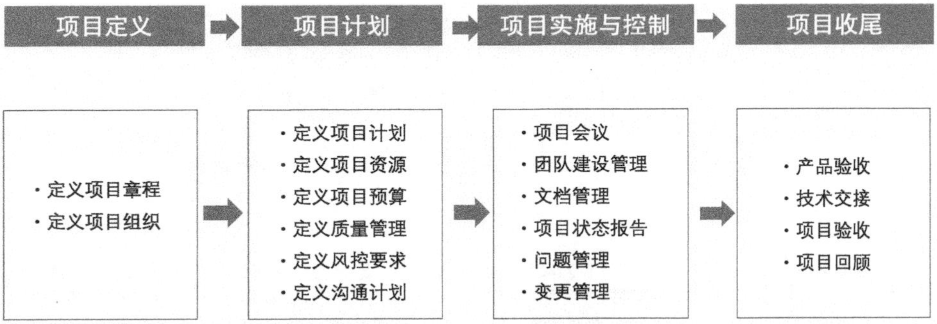

图 3.2 项目管理生命周期

老字号管理数字化转型是长期复杂的系统工程，需持续改进完善，通过规范化服务流程与完整运维体系，确保系统适应业务管理发展需求。

六、老字号管理数字化转型的成效评估

老字号管理数字化转型的成效评估可参考埃森哲、IDC、Gartner 等机构开发的模型和测评工具，以及 DCMM 等国家推荐的模型和测评工具，并结合其转型特点进行调整优化。本部分将从评估逻辑、评估维度及评估等级等方面展开阐述。

企业管理数字化转型的成熟路径通常为：首先制定转型战略，明确目标；其次规划转型路径，细化计划与工作内容。然后应用数字化技术，搭建数字化平台并实施解决方案；通过技术应用形成数字化管理模式，创新商业模式与业务模式。最终培育新型数字化能力体系，构建核心竞争力，实现经济与社会价值。在此过程中，数字化平台搭建、方案实施及创新活动均依赖新型数字化组织保障体系。管理数字化转型逻辑如图 3.3 所示。

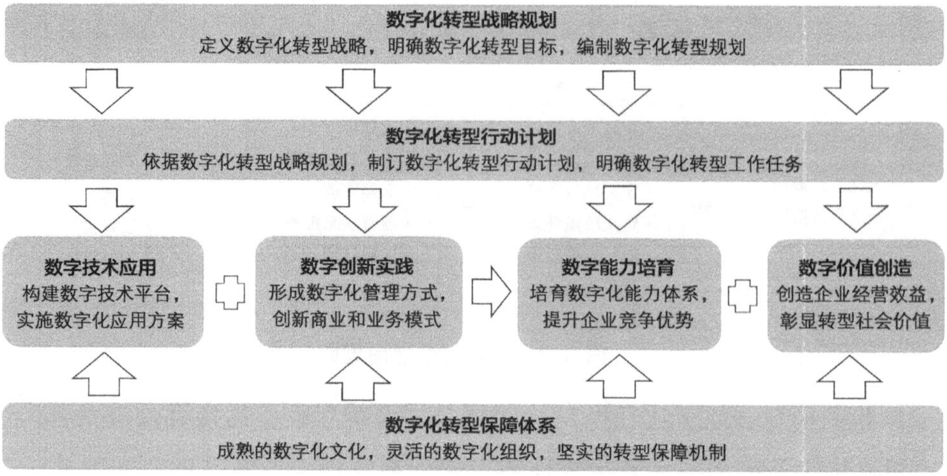

图 3.3　管理数字化转型逻辑

基于上述转型逻辑，成效评估需将管理数字化转型的各环节作为评估维度，制定量化评价标准，通过科学的汇总方式形成评估结果，从而实现全面、客观的评定。结合实践经验，管理数字化转型效果评估等级可划分为起步级、突破级、领域级、平台级、领航级五个层级（见图 3.4），分别从转型范围、数字化能力水平及行业生态影响力三个方面，衡量转型成效的广度、深度与引领效应。具体说明如下。

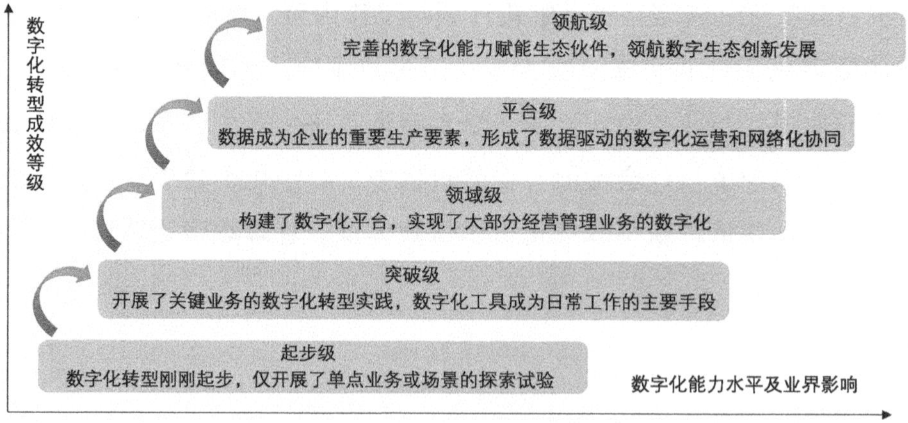

图 3.4　管理数字化转型效果评估等级

起步级：企业初步开展数字化转型尝试，仅在少数业务环节引入数字化工具，转型范围局限，尚未形成系统性数字化能力，对行业生态影响微弱。

突破级：在部分关键业务领域实现数字化突破，业务流程得到优化，数字化能力开始显现，但尚未实现跨部门、跨业务的协同，对行业生态的影响处于萌芽阶段。

领域级：企业在多个核心业务领域完成数字化转型，形成领域内的数字化管理体系，具备较强的数字化运营能力，在行业内产生一定示范效应，开始影响上下游合作伙伴。

平台级：构建起统一的数字化平台，实现业务、数据与技术的深度融合，形成跨领域、跨组织的协同能力，成为行业数字化转型的重要参与者，对行业生态的整合与发展发挥积极作用。

领航级：企业数字化转型成效卓越，在行业内处于引领地位，其数字化模式与经验成为行业标杆，不仅推动自身持续创新发展，还带动整个行业生态的数字化升级与变革。

老字号企业如何进一步实现企业管理数字化转型成效的特色化评估？笔者认为可从以下几个关键步骤着手推进。

一是科学制订评估计划。在转型启动前，老字号企业需开展基线评估，全面了解企业数字化基础情况。转型启动后，建议以年度为周期开展成效评估工作，及时总结经验、校准转型方向。评估指标体系的构建以通用标准为基础，紧密结合老字号行业属性与管理特点，精准筛选适配的评估指标与度量要素，确保评估贴合企业实际需求。

二是规范开展评估工作。组建由企业内外部专家构成的评估项目组，依据既定评估模型、指标及度量要素，通过集体研讨与量化打分的方式开展评估工作。评估过程中，着重审视企业管理数字化转型方向的正确性，判断是否需要调整目标与路径；核查是否达成预定阶段目标，全面梳理取得的成果、存在的不足，并深入探讨改进策略，为后续转型工作提供依据。

三是有效落实改进方案。评估完成后，老字号企业需结合评估结果，制定科学且针对性强的改进方案。明确方案实施进度计划、责任部门与责任人、参与部门及人员；建立健全组织协调机制，确保各方高效协同；提出资源保障措施与前提条件，为方案落地提供支撑。同时，清晰界定改进方案完成的验收标准与条件，保障改进措施切实落地，持续推动管理数字化转型向纵深发展。

七、数字技术在老字号企业管理数字化转型中的应用价值

在管理数字化转型浪潮中，通用数字技术展现出独特应用价值，已在老字号企业管理数字化转型中广泛应用，其在不同业务场景下的价值体现如下。

（一）大数据技术

在人力资源管理方面，通过整合多维度人才数据，实现精准招聘、客观绩效评估及个性化培训。例如，老字号中药企业依据中医药专业背景与数字化技能需求筛选人才；餐饮企业通过多指标综合评估服务员绩效；丝绸企业结合员工技能与偏好定制培训方案。

在财务管理方面，企业利用大数据构建风险预警模型，实时监控财务指标；通过多维度成本分析定位控制要点，并结合历史数据与趋势优化预算。例如，食品企业借助大数据降低包装成本，零售企业为不同门店制定差异化预算方案。

（二）云计算技术

云计算技术助力企业降低财务软件部署成本，支持功能灵活扩展，并通过云端存储备份保障数据安全，推动财务共享服务落地。中小企业借助云办公软件实现自动化办公，老字号企业则将核心数据存储于云端，确保

数据安全可靠。

（三）人工智能技术

在人力资源管理方面，人工智能可自动筛选简历、分析员工行为与情绪，并提供个性化职业发展建议。部分老字号企业已应用AI技术进行简历初筛、员工状态监测及职业路径规划。

在财务管理方面，人工智能实现财务核算自动化、指标预测与风险预警，并辅助投资决策。例如，企业通过AI完成记账、风险预警及投资方案筛选等。

（四）区块链技术

在人力资源管理方面，区块链技术用于员工背景信息验证与激励分配追溯。例如，某老字号企业采用区块链电子合同，强化员工合规管理。

在财务管理方面，区块链技术确保财务交易记录不可篡改，构建供应链金融信任机制。企业借助区块链技术开展财务审计、为供应商提供融资支持等。

（五）5G技术

5G技术凭借高速稳定的网络传输，支持高清实时沟通协作，推动企业移动学习与办公普及。老字号企业员工可通过5G网络实现高清视频会议、随时随地在线学习。

八、老字号企业管理数字化转型中常用软件产品

（一）合同管理系统（CMS）

系统功能：覆盖合同起草、法务审核、会签报批、电子签章等全生命周期管理；支持合同信息台账录入、文档管理与检索；具备履约管理、结算审批、变更索赔等功能，并可自动生成报表、提供风险预警及支付提醒，实现与采购、销售等业务模块的数据互通。

应用价值：以合同为核心驱动业务，实现全流程自动化管理，提升合

同查询、执行监控与结算效率，有效控制合同费用，并通过数据联动为企业决策提供依据。

（二）审计管理系统（AMS）

系统功能：提供办公、计划、档案、整改等全流程管理功能；支持审计计划编制与动态调整，实现问题整改跟踪闭环；整合审计机构、人员等资源库，辅助审计工作高效开展。

应用价值：通过固化审计流程、健全整改机制、实现数据共享，提升审计工作标准化水平，保障审计结果落地，满足集团管控需求。

（三）设备管理系统（EMS）

系统功能：实现资产购置、台账管理、使用运维、盘点处置等全流程动态管理，覆盖办公资产、设备、无形资产等类别，提供申请审批、状态监控、报表分析等功能。

应用价值：建立统一资产管理标准，打破信息壁垒，实现资产全生命周期闭环管理，优化资源配置，提升管理效率。

（四）人力资源管理（HRM）系统

系统功能：包含规划、招聘、培训、绩效、薪酬等模块，支持人力资源需求分析、招聘流程自动化、个性化培训设计、绩效数据采集与薪酬自动核算，以及员工关系全周期管理。

应用价值：提升人力资源管理效率，为决策提供数据支持，增强员工体验，推动人力资源管理向战略支持型转变。

（五）财务共享服务中心（FSSC）

系统功能：集成账务处理、资金管理、税务申报、报销审批等功能，实现数据自动采集、会计凭证生成、资金预算监控、税务风险预警及多维度财务分析报告输出。

应用价值：提高财务处理效率，降低成本，提升数据质量，加强内部控制，为企业战略决策提供有力支撑。

（六）办公自动化（OA）系统

系统功能：涵盖流程审批、文档管理、信息发布等功能，支持请假、报销等流程在线审批，文档分类存储与权限管理，以及企业公告、制度的及时发布与反馈收集。

应用价值：优化办公流程，提升效率，规范管理，降低成本，促进信息共享与团队协作。

（七）商业智能（BI）系统

系统功能：实现数据集成、存储、分析与可视化，支持多源数据清洗转换、数据仓库构建、报表生成、多维数据分析及可视化展示，挖掘数据潜在价值。

应用价值：辅助管理层决策，优化业务流程，提升运营效率，增强企业市场竞争力。

（八）机器人流程自动化（RPA）

系统功能：模拟人工操作，自动执行登录系统、数据录入、报告生成等任务；支持流程编排设计，实现复杂业务流程自动化；具备数据提取、处理与集成能力。

应用价值：显著提升重复性任务处理效率，降低人力成本，提高业务处理准确性与质量。

第三节　老字号管理数字化转型的发展趋势

随着老字号企业管理数字化转型的持续深化，数据驱动决策、数字化与绿色化协同等特征日益显著。结合行业动态与实践经验，其未来发展趋势可归纳为以下四大方面。

一、技术深度融合驱动智能化升级

全面数据驱动决策：数据将成为企业决策的核心要素。借助大数据分析、机器学习等技术，企业可实时洞察业务动态，精准把握市场需求、客户偏好及运营状况，实现从经验驱动向数据驱动的决策模式转变，使数据驱动决策成为企业管理的常态。

智能化与自动化管理：人工智能、机器学习等技术将深度嵌入企业管理全流程，推动业务流程自动化与智能化变革。通过自动化生产、智能化运营和个性化服务，企业不仅能大幅提升管理效率与服务质量，还可借助智能系统精准预测客户需求、快速响应市场变化，抢占竞争先机。

新兴技术融合创新应用：区块链、物联网、5G 等新兴技术与现有技术的深度融合，将催生更多创新应用场景。例如，区块链技术可实现供应链的透明化与可追溯性；物联网技术助力设备远程监控与智能管理，为老字号管理数字化转型注入新动能。

二、组织与理念创新引领变革

组织模式与管理理念革新：管理数字化转型将推动企业组织模式向扁平化、网络化、自组织方向演进，打破部门壁垒，强化跨部门协作与资源共享。同时，以人为本、注重员工体验的管理理念将成为主流，通过激发员工积极性与创造力，为企业发展注入活力。

持续学习与自我优化：企业需建立持续学习机制，紧跟技术发展趋势，不断优化管理流程与运营模式。通过引入新技术、新理念，实现自我迭代升级，保持企业在数字化时代的竞争力。

三、多维能力提升增强竞争力

全面提升企业竞争力：管理数字化转型将助力企业优化业务流程、提升运营效率、增强决策能力，全方位提升整体竞争力。同时，推动数字经济与实体经济深度融合，催生创新商业模式与服务方式，促进传统产业转型升级与新兴产业发展。

高度智能化与自主决策：企业管理系统将具备更高智能化水平，通过智能算法与机器学习技术，实现预测分析、决策支持和流程自动化的自主化，结合大数据分析为决策提供精准支持，提升企业决策的科学性与时效性。

员工数字化素养提升：数字化转型对员工技能与数字化素养提出更高要求。企业需加强员工培训与教育，提升其数字化技能与创新能力，鼓励员工积极参与数字化转型过程，形成推动企业创新发展的合力。

四、适应环境变化拓展发展边界

数字化与绿色化协同发展：在环保意识日益增强的背景下，老字号企业将更加注重数字化与绿色化的协同发展。通过引入绿色科技与数字技术，实现节能减排、资源高效利用和环境保护，推动企业可持续发展，同时提升环境管理能力。

敏捷管理与全球化发展：面对快速变化的市场环境，企业将采用敏捷管理方法，提高组织灵活性与响应速度，及时优化管理流程与产品服务。在全球化进程中，企业需构建全球化管理团队、制定跨文化管理策略，借助数字化技术实现跨地域、跨文化协作，拓展全球化发展版图。

第四节 老字号管理数字化转型案例分析[①]

一、嘉士利：饼干行业领军者

（一）企业概况

作为始创于1956年的“中华老字号”企业，嘉士利传承数十载烘焙技艺，目前在全国布局十大生产基地，43条生产线年产能达20万吨，与沃尔玛、大润发等5万余家终端网点建立合作。其经营表现亮眼：2021年饼干市场占有率跻身全国前五，2024年营收与净利润实现同比增长，2025年第一季度通过国潮礼盒及量贩渠道推动销售收入实现大幅增长。企业技术实力雄厚，拥有省级焙烤食品工程技术研究中心，累计获138项专利，并主导制定轻食果纤饼干等行业标准，曾获“中国食品工业百强企业”等多项认证。目前已投巨资建设智能制造基地，支撑健康化与数字化双转型战略。

（二）转型策略和落地动作

嘉士利以管理数字化为核心，构建了“数据驱动决策、全链精益管控、组织敏捷进化”的三角转型模型。

在产品创新方面，消费实验室通过分析天猫、抖音、商超等平台大量用户评价，精准研发的低GI粗粮饼干上市半年销售额大幅增长；数字孪生研发系统借助3D打印技术将新品开发周期从90天压缩至23天，年新品数量翻倍。

在全域营销体系方面，智能用户中台融合六大平台数据构建4800余

① 本书案例数据均来源于网络公开资料，由作者系统整理而成。相关数据仅供参考、启发交流。

条用户标签，私域券核销率达 41%；AI 内容工厂月均生成 1.3 万条短视频，爆款 ROI 达 1∶15；同时接入“零食很忙”等超 7500 家门店数据中台，实时调整量贩渠道铺货策略。

在智能制造升级方面，十大基地 43 条产线引入物联网控制系统，实现原料投放至包装全流程智能化，效率提升 30%；AI 云质检平台将次品率降至 0.08%，年减少质量损失近千万元；柔性产线系统支持 300 箱起订的小批量定制，2024 年定制业务营收创新高。

在供应链协同优化方面，智能分仓网络动态优化 16 个区域仓，物流时效提升 32%、成本下降 18%；区块链溯源平台实现原料供应商 100% 上链，质量投诉率下降 73%；智慧物流平台缩短交货周期 15%，供应商协同系统提升原料采购效率 25%；防窜货系统通过瓶、箱、垛三级关联码技术使窜货率下降 50%。

在管理中枢数字化方面，智慧决策大脑实时整合生产、库存、渠道数据，动态调优准确率达 95%；OA 系统整合采购、生产、销售流程，审批效率提升 40%；年投入超百万元的数字化培训体系，赋能员工智能设备操作与数据分析能力。

在服务数字化创新方面，智能客服中心通过 AI 解决 83% 的售后咨询，响应速度实现大幅优化，满意度为 98.4 分；经销商赋能平台提供 AI 动销预测工具，新品铺货效率提升 45%；私域会员系统通过膳食搭配方案将复购率提升至 60%；全渠道客服中台实现线上线下一体化响应，投诉处理时效缩短至 24 小时。

（三）转型成效

在效率方面，2024 年生产成本明显下降，资金周转率提升 20%；较 2023 年，智能制造降低人工成本 18%，品控效率提升 35%。

在用户规模与黏性方面，私域会员规模实现较大的飞跃，2024 年 Z 世代客群占比从 25% 升至 35%，会员年消费频次 4.8 次、复购率 60%，线上年货节销售额增长40%。市场与财务表现亮眼，2025年第一季度线上营收目标占比提升至30%，量贩渠道贡献新增量；2024年果乐果香系列单品年销量大幅增长。

（四）经验启示

嘉士利的转型实践形成六大经验：技术研发双轨制，融合手工饼技艺等传统工艺与智能制造，以非油炸工艺实现健康升级；构建全链路数据闭环，从"一物一码"营销到供应链三级关联码，贯通渠道、用户、生产数据；通过OA系统实现组织流程线上化，将数十年管理经验沉淀为数字化标准；借助光伏＋自动化推进绿色制造，赋能ESG建设并转化为品牌公信力；以Z世代健康需求驱动产品创新，通过国潮礼盒拉动节日销售，实现年轻化破圈；依托量贩系统直连掌控终端动销，结合防窜货技术保障价格体系，实现渠道管理精细化。

二、珠江钢琴：乐器行业国家标杆

（一）企业概况

作为始创于1956年的"中华老字号"，珠江钢琴多年来专注钢琴制造，目前是全球产销规模第一的钢琴企业。企业拥有三大生产基地，年产钢琴超16万架，产品销往100多个国家。2025年第一季度加速布局艺术教育生态，销售收入稳步增长。其技术实力雄厚，拥有国家级企业技术中心，全球市场占有率超30%，连续多年产销量全球第一，子公司恺撒堡获"国家制造业单项冠军"称号。当前正推进"乐器＋教育＋服务"数字化生态转型，2023年成立数码乐器事业部。

（二）转型策略和落地动作

珠江钢琴以数据驱动为核心，构建全链条数字化转型体系。

在产品创新方面，通过收集25万＋演奏数据形成用户音色数据库，借助AI优化钢琴共鸣系统，使高端产品调音精度提升40%；研发"AI陪练系统”带动智能钢琴复购率提升至35%，同时采集10万+音色数据，建设声学数据库，支撑恺撒堡KN系列高端新品开发，并推出具备蓝牙教学和自动演奏功能的智能钢琴IP116S，适配Z世代需求。

在全域精准营销体系方面，企业连接以钢琴教师为主体的社群网络，教师推荐转化率达52%；线下门店部署AR虚拟试弹系统，客单价提升33%、转化率提高41%；通过3D扫描保存制琴大师手法，实现非遗工艺数字化，将新技师培训周期缩短60%；全国建立超300家“音乐厅级”体验中心，提供试奏与课程一体化服务，同时在抖音/视频号开设“钢琴云学堂”，年开课超5000节引流私域转化。

在智能制造升级方面，木材AI分级系统通过视觉识别优化木材使用，材料利用率提升27%，年度成本节约成效显著；柔性定制产线支持最小10架钢琴的定制订单，2024年高端定制营收创新高，同时引进德国IMA全自动生产线，实现外壳喷涂、击弦机装配智能化，生产效率提升25%；通过建立数字孪生工厂，实现生产全流程虚拟仿真，新品研发周期缩短40%。

在供应链协同优化方面，全球物料协同平台连接欧、美、亚180家供应商，进口云杉周转周期缩短55%；区块链溯源管理实现关键部件100%赋码，售后维修效率提升60%。

在管理中枢数字化方面，智慧决策系统整合生产、库存、渠道数据，排产准确率提升至98%；AI成本精算模型实时监控7类成本波动，2024年显著节约采购成本。

在服务数字化创新方面，智能诊断平台通过物联网系统远程诊断故障，售后响应提速至2小时（行业平均24小时）；音乐教育云服务的数字课程订阅用户复购率76%，客单价年增21%。

（三）转型成效

在效率方面，2024年智能制造降低人工成本20%；较2023年，资金周转率提升18%，库存周转效率提高25%。

在用户规模与市场黏性方面，2024年私域会员突破60万，线上课程复购率达70%，Z世代学员占比升至40%，智能钢琴IP系列销量增长35%，教育服务收入占比提升至12%。

在品质与品牌方面，2024年高端恺撒堡KN系列毛利率达45%，拉动整体毛利率提升2.3个百分点，企业获评“2021年中国轻工业工业设计中心”，2025年全球高端市场占有率目标定为15%。

（四）经验启示

珠江钢琴的转型实践形成六大经验。①文化科技融合战略：坚持“乐器+教育”双轮驱动，数字课程收入增长显著；线上课程引流带动钢琴销售，服务收入占比提升。②数据驱动价值链重构：实现从木材采购到售后维护的全链数据贯通与端到端追溯；需求预测直连生产，由教育机构订单数据指导排产，高端产品交付准时率达100%，并通过音色数据库赋能高端研发，将工匠经验转化为数字标准。③高价值场景优先投入：聚焦投资回报率大于250%的领域；教师私域网络年贡献营收达到相当规模，获客成本较传统渠道大幅降低。④组织能力升级：打造数字工匠学院，培养AI调音师，关键技术人才留存率94%；构建增量共享机制，数字课程销售团队提成上不封顶，TOP团队人均创收显著提升；落地金蝶云星空ERP，整合财务、生产、销售数据，跨部门审批效率提升50%。⑤全球协同管理：实现跨时区云排产，中国、德国、美国工厂实时共享订单；打造全球统一的服务流程数字化标准，海外售后效率提升70%。⑥生态共创模式：建设开放技术平台，向中小琴行提供SaaS系统；创办音乐教育联盟，联合多所音乐院校开发课程；“钢琴云学堂”会员众多，提供考级辅导+AI纠错服务；创建“一琴一码”终身维护系统，绑定调音记录，全国上千名技师网格化响应。

三、致美斋：中华调味品活化石

（一）企业概况

作为始创于1608年的“中华老字号”，致美斋历经数百年传承广式调味技艺，智能生产基地年产酱油超10万吨，产品覆盖醋、蚝油等超200个品类。2024年企业营收与净利润均实现同比增长，2025年第一季度通过社区团购及餐饮定制渠道进一步推动增长。其技术实力雄厚，拥有省级工程技术中心，酱油酿造技艺入选非物质文化遗产并获多项发明专利，在华南酱油市场占有率位居前三。目前已投巨资建设智能工厂，打造“非遗+智能制造”行业标杆。

（二）转型策略和落地动作

致美斋以数字化驱动全链条升级。

在产品创新方面，通过非遗工艺数据库数字化记录365天晒制工艺参数，推出减盐30%薄盐酱油、零添加蚝油等健康新品；口味模拟系统分析10万+餐饮用户数据，开发烧腊专用酱油等粤菜定制调味包；风味数据库整合小红书、下厨房大量食谱数据，研发“轻盐昆布酱油”，Z世代复购率39%。

在全渠道营销管理方面，企业通过“一物一码”实现溯源功能，2024年用户扫码可查看酱油晒制过程，结合“集章兑老字号文创”活动，私域引流超20万人；接入美团优选、多多买菜数据中台，2025年第一季度社区团购周均订单破50万单；搭建“掌厨会员平台”，沉淀320万家庭主厨用户，社群转化率38%（远超行业均值18%）；基地直播展示古法酿造技艺，场均观看量450万人次，带动高端产品转化率提升52%，线上营收占比从2023年的28%跃升至2024年的46%，2025年第一季度达49%。

在智能制造升级方面，企业应用物联网传感器实时监测2000个酱缸温湿度，2024年优级品率提升至98%；引进国外先进生产线建成无人灌装车间，灌装效率达3.6万瓶/小时，人工成本降低40%；近三年投巨资建设智能工厂，其中4.0智能工厂年产能超50万吨，酱香型产品市场占有率稳居华南第一。AI制曲控制系统将温湿度误差控制在≤0.5℃，酱油风味稳定性提升90%，优质品率99.2%；柔性灌装产线支持100瓶起订的小批量定制，2024年承接餐饮定制订单同比大增。此外，通过AI监控300年老窖池温湿度，优质曲产出率提升23%；3D虚拟酿造实验室还原发酵过程，将技师培训周期缩短60%。

在供应链协同管理方面，原料溯源平台实现东北非转基因大豆产地直采，物流温湿度全程监控使采购周期缩短25%；与知名餐饮品牌共建餐饮定制系统，小批量定制交付周期压缩至7天。组织与流程管理落地用友U9 cloud ERP，整合生产计划与销售预测，2024年库存周转率提升30%；录制非遗传承人工艺视频，通过AI辅助新员工培训。

在用户服务创新方面，私域"烹饪学院"小程序提供"粤菜大师课"，2024年会员复购率达65%；为酒楼提供数字化调味方案的餐饮顾问服务，带动B端销量增长35%；为5.7万家餐厅提供库存管理工具的SaaS系统，使客户流失率降低67%；智能客服工场通过AI解决87%的售后咨询，响应速度≤5秒，满意度达99.1分。此外，企业跨界联名游戏《食物语》推出"国风酱油礼盒"，带动销量显著增长；借助AR技术还原清代酱园场景的沉浸式体验馆，年引流230万年轻客群实现首次购买。

（三）转型成效

效率层面，智能制造降低能耗15%，2024年节约成本成效显著；较2023年，资金周转率提升22%，库存滞压率下降18%。

用户与渠道端，私域会员突破80万，2024年Z世代客群占比从20%升至35%；2025年第一季度社区团购渠道销售额占比达25%，复购率超60%。

产品与品牌端，2024年薄盐酱油系列毛利率提升至45%，拉动整体毛利率增长3.5个百分点；餐饮定制业务覆盖超1万家酒楼，高端产品销售额增长40%。

（四）经验启示

致美斋的转型实践形成六大经验：通过365天晒制工艺参数数据库实现非遗技艺数据化，推动传统技艺标准化与品控升级；借力社区团购数据中台，精耕渠道社区化，将“家庭厨房”转化为增量主战场；以物联网监控酱缸生态，实现智能制造绿色化，用数字技术守护四百多年“阳光酿晒”精髓；与粤菜名店共建订单系统，推进餐饮定制柔性化，以“小批量快响应”抢占B端蓝海；通过私域烹饪学院连接饮食文化，使调味品从佐料升级为场景化烹饪方案；采用非遗大师视频教材与ERP系统结合的组织传承双轨化，解决技艺传承与流程效率的矛盾。

四、采芝林：老字号药企的数字化转型实践

（一）企业概况

采芝林始创于1806年，历经数百年传承岭南中药文化，是入选商务部“中华老字号”的企业，也是全国拥有双非遗（中药文化+中药炮制）的药企。智慧工厂年产中药制剂超5000吨，经营中药材1000多个品类，旗下拥有40家连锁门店。2024年营收净利润稳步增长，2025年第一季度通过医疗合作及健康品业务推动增量。其技术实力雄厚，拥有省级工程技术中心，获GMP认证，主导制定《岭南中药炮制规范》，在华南中药饮片市场占有率第一，“采芝林传统中药文化”入选国家级非遗。目前企业战略布局聚焦数字化，投资建设智能煎制中心，打造“医疗+健康”数字化生态。

（二）转型策略和落地动作

在数据驱动产品创新方面，通过AI症候分析引擎解析数百万份临床数据，研发“智能辨证膏方”系列，复购率达58%；利用机器学习挖掘

2800册医典，复原清代宫廷方“玉容散”，上市3个月销售额大幅增长；建设药材基因库数字化，鉴定300种岭南道地药材，联合省中医院开发数据化膏方，复购率超65%；分析Z世代养生需求，推出枸杞阿胶糕、草本润喉糖等健康零食爆品。

在全域精准营销体系方面，签约98位国家级名医，构建私域矩阵在线坐诊，问诊转化率41%（远超行业均值16%）；推出AR本草科普，扫码可查看药材3D生长过程，Z世代互动率提升4倍；线下门店设AI体质检测仪，3分钟生成养生方案并推荐产品，转化率达40%；通过微信小程序“林医在线”开展名医直播，2024年单场活动在引流方面成绩卓著，实现用户数量的大规模增长。

在智能制造升级方面，AI动态煎煮系统实现毫秒级火候调节，有效成分提取率提升25%，能耗降低32%；胶囊产线柔性改造支持50瓶起订的个性化包装，2024年定制业务营收创新高；智能煎制中心通过物联网控制200个煎药罐，定制膏方产能提升至日均3000剂（2024年）；无人分拣仓库采用AGV机器人处理中药饮片订单，出错率从2023年降至2024年的0.1%。

在供应链协同优化方面，区块链种源溯源连接680家种植基地，原料质检效率提升90%，抽检不合格率仅0.2%，实现云南三七、宁夏枸杞等药材全流程追踪，2024年农残检测合格率达100%；智能分仓调度动态平衡32个区域仓库存，紧急订单响应提速至90分钟；与省中医院共建医院直供系统订单平台，2025年试点实现紧急用药4小时送达。

在管理中枢数字化方面，智慧决策沙盘实时整合生产—库存—诊疗数据，配方调剂准确率达99.9%；AI动态成本监测跟踪1500种药材价格，2024年节约采购成本成效显著；落地金蝶云星空ERP，打通采购—生产—销售链路，2024年库存周转率提升35%；录制老药工炮制视频（如酒蒸熟地黄），通过AI辅助新人培训，通过率提升50%。

在服务数字化创新方面，AI药师助手处理89%的用药咨询，响应速度≤5秒，准确率99.3%；慢病管理云平台为大量用户提供智能随访，客单价年增长38%。

（三）转型成效

在降本增效成果方面，智能制造降低煎药成本25%，2024年节约能耗成效显著；供应链数字化使资金周转率提升28%，2024年库存积压较2023年减少22%。

在用户与市场增长方面，2024年私域会员突破50万，Z世代占比从15%升至32%，健康零食复购率达70%；智慧药房客单价提升40%，线上问诊处方转化营收占比向2025年18%的目标迈进。

在产品与医疗协同方面，定制膏方毛利率达60%，拉动2024年整体毛利率提升4.1个百分点；医院直供业务覆盖多家三甲医院，2024年中药制剂销售额增长38%。

（四）经验启示

采芝林的转型实践形成六大经验：道地药材数据化，通过岭南药材基因库实现真伪鉴别标准化，筑牢"非遗传承认证"的公信力；医疗场景数字化，以AI体质检测+在线问诊打通"诊—疗—药"闭环，重构药房价值链；智能制造柔性化，智能煎制中心支持"一人一方"定制，将传统服务转化为高毛利业务；健康消费年轻化，草本零食破圈Z世代，推动中药从"治病"场景延伸至"日常养生"；非遗技艺双轨传承，采用老药工影像教材与AI培训系统结合的方式，解决炮制技艺断层危机；B端C端生态互哺，企业健康管家服务反哺零售增长，实现医疗资源与消费市场的双向渗透。

第四章　供应链数字化转型

第一节　供应链数字化转型概述

一、供应链数字化转型的内涵

供应链数字化转型，是指企业借助物联网、大数据、人工智能、区块链、云计算等数字技术，对传统供应链的采购、生产、物流、销售等环节进行系统性改造，构建以数据驱动的智能化、协同化、网络化运营模式。其核心在于以客户需求为导向，通过重构业务流程、优化组织架构、创新商业模式，打造能够动态响应市场变化的柔性供应链体系，进而提升企业竞争力与运营效率。

二、供应链数字化转型的价值

供应链数字化转型在提升企业运营效能、促进业务创新、应对VUCA（波动性、不确定性、复杂性、模糊性）时代挑战及推动产业变革等方面具有显著价值。

（一）企业运营效能提升

供应链数字化转型对企业运营效能提升有着显著作用。①在成本优化方面，企业借助对资源配置、流程和技术的分析调整，可实现效益最大化与支出最小化，实现高效运营与可持续利润增长。例如，沃尔玛运用大数据分析提升库存周转率，大大节约了成本。②在效率突破方面，创新技术、方法与流程的应用，可大幅提升工作效率和生产速度与质量，减少时间和资源浪费。例如，三一重工通过工业互联网平台提升设备联网率，加快生产异常响应速度；亚马逊 Kiva 机器人将订单处理效率提升 3 倍，降低 20% 人工成本。③在风险控制方面，企业通过识别、评估和管理潜在威胁，可采取相应措施消除负面影响。例如，IBM 食品溯源系统可快速定位污染事件，为企业运营保驾护航。

（二）促进业务创新

供应链数字化转型在促进业务创新方面发挥着关键作用。①在可持续发展方面，企业能够在满足当下需求的同时，保障未来发展需求，推动经济、社会与环境协同共进。例如，西门子数字化工厂借助能耗监控系统降低能耗与碳排放，联合利华利用区块链追溯系统减少棕榈油供应链的毁林现象。②在就业结构转型方面，伴随经济发展与产业变革，劳动力实现跨领域、跨职业的重新配置。Gartner 预测，到 2026 年，供应链领域将新增大量数据分析、AI 训练等高价值岗位，同时 60% 的重复性操作岗位将被自动化取代。③在全球竞争力重塑方面，企业通过创新、技术升级与战略优化，可增强国际市场竞争优势。例如，中国跨境电商 Shein 依托数字化供应链，快速推出新品，缩短交付周期，大幅提升中国快时尚的全球市场占有率。

（三）应对 VUCA 时代的核心能力

在 VUCA 时代背景下，供应链数字化转型赋予企业四大核心能力，助力企业在复杂多变的环境中稳健前行。①在可视性方面，企业借助数字化技术可实现信息、数据的清晰呈现与高效感知。例如，美的集团通过供应链控制塔整合 15 个业务系统数据，实时监控 43 个国家、200+ 工厂，使危机响应速度提升 80%。②在灵活性方面，企业借助数字化技术能够快速适应变化，及时调整策略与结构。例如，丰田利用3D打印技术将模具开发周期从3个月缩短至3天，从容应对芯片短缺等突发状况。③在可扩展性方面，企业借助系统与平台能够依据负载和需求灵活扩展。例如，阿里犀牛智造平台支持1件起订的柔性生产模式，帮助中小品牌降低75%试错成本。④在可持续性方面，供应链数字化转型能够确保企业在发展过程中兼顾生态保护。例如，宝马iFactory运用数字孪生技术优化生产动线，实现每台车生产能耗降低30%，材料利用率高达98%。

（四）推动产业变革的引擎作用

供应链数字化转型作为推动产业变革的核心引擎，在不同领域释放出强大动能。①在制造业，企业可通过数字化手段实现服务化转型。例如，GEPredix平台将设备维护从售后成本中心转变为利润中心，使服务收入占比在2015—2025年间从28%提升至45%，为制造业拓展盈利模式提供范例。②在零售业，在新技术、消费需求和市场环境变化驱动下，企业可借助数字化完成商业模式重构。例如，盒马鲜生依托数据中台实现库存周转率达7.5次/年、损耗率仅1.5%，运营效率较传统商超提升3倍。③在农业领域，企业可通过引入先进技术和管理方式迈向现代化。例如，极飞科技智慧农业系统应用于新疆棉田，实现亩均用水减少30%、农药使用量下降25%，带动10万农户增收20%，显著提升农业生产效率与可持续发展水平。

三、供应链数字化转型的核心内容

供应链数字化转型是一项涵盖战略规划、数据治理、技术架构等多方面的系统性工程。其核心框架从战略层、数据层、技术层三个维度展开，各层次相互支撑，共同推动供应链的数字化升级（见图4.1）。

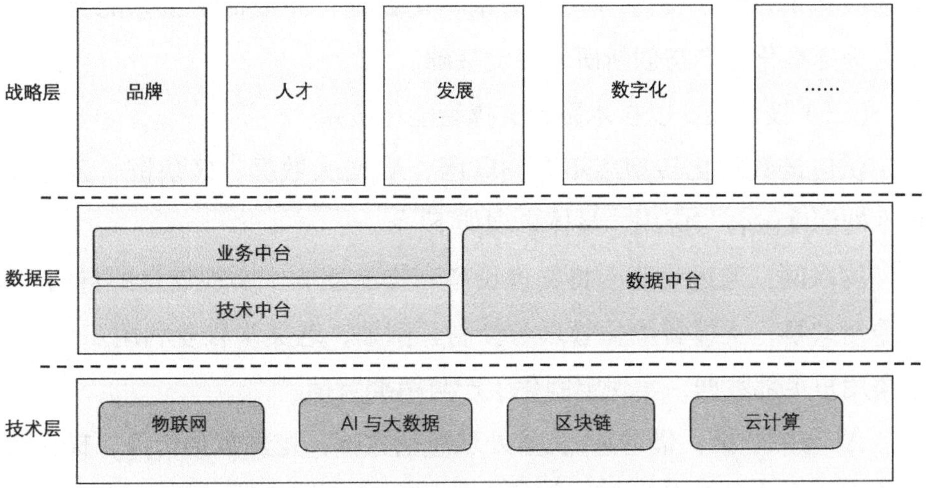

图 4.1　供应链数字化转型核心框架

（一）战略层：以顶层设计引领价值导向

数字化转型需以企业战略目标为核心，通过全局视角规划转型路径。企业可采用“数字化战略驱动”模型，由 CEO 主导制定明确的转型战略，将数字化深度融入企业整体战略目标，并同步推进组织架构调整与文化变革。

对于老字号企业而言，可制定“守正创新”的双轨战略：在保留传统工艺文化内核的基础上，借助数字化技术提升效率、拓展市场。例如，某老字号企业构建“总部 + 餐饮门店 + 加工中心一体化”的数字化管控体系，实现了跨组织协同与标准化管理，为传统企业转型提供了范例。

（二）数据层：以数据驱动实现全链路集成

数据是供应链数字化转型的核心资产。数据中台作为核心枢纽，承担着整合供应链各环节（采购、生产、物流、销售等）实时数据的重任。通过对数据的清洗、分析与建模，形成强有力的决策支持能力。以沈阳红药集团为例，其建立的供应链数据中心，实现了生产数据自动采集与库存动态监控，库存数据准确率提升至 90%。老字号企业还可借助数据中台，将非遗技艺的配方、工序等转化为结构化数据，完成传统工艺的数字化沉淀，为标准化生产与创新研发奠定基础。

（三）技术层：以技术融合支撑智能化应用

供应链数字化转型离不开物联网、AI与大数据、区块链、云计算等技术的深度融合与应用，具体表现如下。

物联网：通过互联网将物理设备和物品互联，实现信息的自动采集、传输与共享，支撑智能化管理与控制。例如，老美华鞋业利用3D量脚仪采集用户足部数据，实现定制化生产与精准营销。

AI与大数据：借助AI技术处理海量数据，挖掘数据价值，提供智能决策支持，优化业务流程。例如，海河乳品运用机器学习预测市场需求，优化生产排程与库存管理，生产效率提升30%。

区块链：作为去中心化的分布式账本技术，通过加密和共识机制保障数据安全、透明且不可篡改。例如，某老字号企业将区块链技术应用于食品加工全流程记录，实现产品溯源，增强消费者信任。

云计算：通过互联网按需提供计算资源与服务（存储、计算、软件等），减少用户基础设施维护成本。例如，红药集团借助金蝶云平台实现多系统集成，业务响应速度提升50%。

第二节 老字号供应链数字化转型概述

一、老字号供应链数字化转型的特征

老字号在供应链数字化转型进程中呈现出独有特征，这些特点既根植于企业历史文化、品牌价值与传统工艺，也受外部市场环境、政策支持及技术发展等因素影响。明晰这些特点，有助于剖析老字号转型的优势与挑

战，为制定精准转型策略提供依据，具体表现如下。

（一）消费市场驱动的敏捷化转型

伴随消费者对高品质、个性化、定制化产品需求攀升，传统供应链“线性”模式已难以适配“敏捷化”“柔性化”市场需求。消费者愈发追求产品的独特性、个性化体验，倒逼企业在供应链管理中关注需求多样性与市场动态变化，快速响应个性化诉求。以稻香村为例，其依托智能仓储与物流系统，实现加工中心与门店实时协同，库存周转率提升 20%。该敏捷供应链模式不仅加速产品上市，满足消费者对新鲜、多样产品的需求，还通过数字化技术收集分析消费反馈，持续优化产品与服务，提升消费者满意度与忠诚度。

（二）政策引导下的行业转型浪潮

国家层面与地方层面密集出台相关政策，为传统产业数字化转型提供了有力支撑。例如，《河南省“十四五”现代供应链发展规划》提出，以数字化转型赋能传统行业供应链，推动其向智能化、协同化、绿色化方向发展。商务部数据显示，2022 年老字号通过供应链数字化转型，销售额平均增长 15%，印证了数字化转型已成为老字号提升竞争力、实现可持续发展的关键路径。政策支持不仅为企业注入资金与技术资源，还营造了良好的政策与市场环境。老字号企业应借此契机加速转型，主动跟进变革，避免在市场竞争中掉队。

（三）技术赋能下的数据价值释放

随着 5G、大数据、区块链、人工智能等技术成熟，供应链数字化转型的技术支撑体系日趋完善，为老字号带来显著的技术与数据红利。企业可通过引入前沿技术，提升供应链智能化水平，实现生产、物流、销售等环节的优化升级。例如，东阿阿胶运用数字孪生技术构建虚拟生产场景，优化生产计划与资源分配，有效提升生产效率与资源利用率。五芳斋借助京东消费数据反向定制新品，将产品开发周期缩短 40%。这种数据驱动的创新模式，既能加快产品上市速度，又能增强产品市场适应性与竞争力。

二、老字号供应链数字化转型面临的主要挑战

尽管供应链数字化转型为老字号带来诸多机遇，但转型过程中也面临技术与系统集成、组织与文化适配、数据安全与隐私保护等多重挑战（见图 4.2）。企业需充分认识这些问题并采取有效应对措施，以保障转型顺利推进。

图 4.2　供应链数字化转型面临的主要挑战

（一）技术与系统集成的复杂性难题

技术与系统集成是老字号数字化转型的主要瓶颈。

多个系统并行导致的信息孤岛问题突出：许多老字号企业部署了 ERP（企业资源计划）、SCM（供应链管理）、CRM（客户关系管理）等多个系统，但由于数据标准不统一，系统间难以实现互联互通。例如，某老字号企业在引入供应链管理系统初期，由于各系统数据无法共享，严重制约了供应链协同效率，增加了管理成本。

传统技术基础设施与现代数字化技术适配性差：不少老字号企业生产设备老旧，难以与现代数字化物流系统兼容，在转型过程中需要投入大量

资源进行技术适配和系统升级，明显增加了转型难度与成本。

（二）组织与文化适配的双重困境

组织架构的惯性制约：老字号企业多采用金字塔式组织结构，决策流程冗长，难以快速响应市场变化。例如，某老字号企业在推进智能仓储系统建设时，部分管理层对新技术持保守态度，导致项目进度迟缓，错失市场先机。

文化传承与数字化的冲突：老字号注重传统工艺与文化传承，而数字化技术强调高效性和标准化，这种差异易引发员工对转型的抵触情绪。传统工艺的文化属性与数字化转型的要求存在矛盾，可能阻碍企业数字化转型进程。

（三）数据安全与隐私保护面临的严峻考验

数据泄露与网络攻击风险：在数字化转型中，老字号面临数据泄露和网络攻击的潜在威胁。例如，在智能物流系统实施过程中，某老字号企业因未对用户数据进行加密传输，导致消费者信息泄露，对品牌形象造成严重损害，带来经济损失与声誉危机。

隐私保护与数据共享的平衡难题：老字号在运营中需平衡消费者隐私保护与数据共享需求。在会员系统建设中，部分企业因未充分向消费者说明数据用途，引发消费者信任危机。这要求企业在数字化转型中，必须建立透明的数据使用规则，切实保护消费者隐私，维护消费者信任。

三、老字号供应链数字化转型的关键环节

供应链数字化转型是企业提升竞争力的核心路径，涵盖战略规划、业务流程、技术体系、组织能力及风险管理五大关键环节。各环节相互关联、层层递进，共同构建数字化转型的完整体系，具体如下。

（一）战略规划与目标制定

战略规划与目标制定是供应链数字化转型的核心引领，需以企业战略

目标为导向，从战略定位革新与科学路径设计两方面，构建数字化转型的顶层框架，为后续转型工作奠定基础。

1. 战略定位的范式突破

传统供应链常被视为成本中心，而数字化转型需推动其向价值创造枢纽转变，通过技术、生态与金融等多维度创新，实现供应链价值的全面提升。

（1）技术穿透力：构建智能准入体系。运用区块链技术重塑供应商管理流程，实现供应商资质的自动化、实时化验证。例如，某老字号企业在供应商准入环节，基于区块链分布式账本技术，使采购方、供应商、监管机构等参与节点可实时共享、查验资质信息，将合规审查周期从 14 天压缩至实时，显著提升供应商管理效率与信息透明度，降低人为审核风险。

（2）生态连接度：打造协同网络生态。搭建数字化协同网络，整合核心供应商资源，提升供应链整体协同效率。以全聚德为例，其构建的覆盖 200 多家核心供应商的数字化平台，使订单自动确认率提升至 92%。订单下达后，信息可在企业与供应商系统间无缝流转，供应商生产系统能立即响应生产计划，减少中间沟通环节，缩短交付周期。

（3）价值创造力：创新供应链金融模式。依托供应链交易数据与信用体系，开展供应链金融创新，优化企业与供应商资金流动。企业凭借自身信用评级，为供应商提供融资支持，如帮助其获取银行贷款；同时，通过缩短应收账款周期，加速自身资金回笼。例如，某企业通过供应链金融创新，实现应收账款周转天数压缩 28%，释放流动资金 15 亿元。埃森哲的研究表明，领先企业通过此类战略重构，可降低供应链综合成本 18%~25%，提升客户交付满意度超 30%。此外，不同企业可结合自身发展阶段制定战略。例如，吴裕泰分阶段推进供应链数字化转型：初期聚焦物流管理系统建设，提升库存周转率 25%；中期搭建供应商协同平台，提高采购效率 40%；远期规划智能预测系统，目标需求准确率达 90%。

2. 路径设计的科学方法论

路径设计需基于系统化思维与数据分析，遵循“明确目标—算法求解—实践验证”的科学流程，并结合企业数字化转型成熟度，分阶段推进实施。

（1）起步阶段（成熟度 1~2 级）：痛点攻坚，夯实基础。聚焦业务流程中的关键痛点，推进基础数字化改造。以稻香村为例，通过统一物料编码体系，将数据转换错误率从 12% 降至 3.5%，供应商协同效率提升 60%。此阶段重点完成业务流程数字化、关键节点可视化及基础数据治理，为后续转型提供数据与流程支撑。

（2）发展阶段（成熟度 3~4 级）：技术融合，深化应用。引入复杂算法与先进技术，深化数字化转型应用。例如，荣宝斋集成 ERP-MES 系统后，生产计划准确率从 78% 提升至 92%，设备综合效率提高 18%。该阶段需着力构建跨系统数据中台与智能算法引擎，实现数据深度分析与业务智能决策。

（3）成熟阶段（成熟度 5 级）：标准引领，生态开放。实现数字化方法的标准化与系统化应用，推动供应链生态开放共享。例如，王致和搭建包含 200 万物流节点的 IoT 网络，全球包裹追踪精度达 99.9%，异常响应时效缩短至 5 分钟。此阶段以数字孪生技术应用、生态 API（应用程序编程接口）开放为核心特征，促进供应链与外部生态的深度融合与协同创新。

（二）业务流程重构与标准化

业务流程重构与标准化是供应链数字化转型的核心支撑，通过端到端流程的数字化再造实现数据驱动的高效运营，依托标准化体系建设保障各环节的兼容性与协同性，具体从以下维度展开。

1. 端到端流程的数字化再造

端到端流程的数字化再造聚焦需求预测、生产协同、物流优化等关键环节，借助数字化技术打破信息壁垒，实现全流程的透明化与敏捷响应。

（1）智能预测体系：多维数据驱动精准决策。整合企业内外部多维度数据构建智能预测模型。以同仁堂为例，通过融合天气、舆情、经济指标等200多个维度的数据，运用XGBoost算法模型，将核心品类的需求预测准确率提升至87%，有效减少滞销库存率达23%。该体系通过对海量数据的深度分析，精准捕捉市场动态，为生产、采购等环节提供可靠的决策依据。

（2）多源数据融合：内外联动提升预测精度。强化外部数据的采集与应用，使外部数据占比超过40%。企业积极整合社交媒体、行业协会报告、市场调研机构数据等外部信息，并与内部销售、库存等数据深度融合。例如，在预测某产品市场需求时，除分析历史销售数据外，还结合社交媒体上的话题热度、行业专家的趋势分析等外部数据，全面洞察市场需求变化，显著提升预测的准确性与前瞻性。

（3）动态模型优化：持续迭代以适应市场变化。建立常态化的模型迭代机制，按周对预测模型进行评估与优化。通过实时监控模型性能指标，当发现市场环境变化、数据特征改变等情况时，及时调整模型参数或算法。例如，当某个影响需求的关键因素发生变化时，迅速更新模型中的相关参数，确保模型始终契合市场动态，维持预测的精准度。

2. 标准化体系的建设路径

标准化体系是数字化转型的基石，通过统一数据、流程和技术标准，消除系统间的协作障碍，提升供应链整体运行效率。

（1）数据标准：统一规范，实现高效交互。制定统一的数据格式、编码规则和数据字典。以狗不理为例，其制定的包含128项参数的供应链API标准，实现了与800家供应商系统的直接连接，使数据交互效率提升5倍，同时接口开发成本降低70%。统一的数据标准确保了不同系统和部门之间数据的一致性和兼容性，为供应链各环节的数据共享与协同奠定基础。

（2）流程标准：规范操作，提升执行效率。明确业务流程各环节的操作步骤、责任主体和时间节点。例如，王老吉建立的数字化作业规范涵盖42个主流程和189个子流程，通过对流程的精细化梳理与优化，成功消除75%的非增值环节，流程周期缩短40%。标准化的流程使业务执行更加规范有序，减少人为失误，提升整体运营效率。

（3）技术标准：统一规范，保障系统兼容。制定硬件设备、软件系统和通信协议的技术规范。例如，张小泉构建的锂电行业首个供应链数字孪生标准，实现了设备参数标准化（采集字段超过500个）、仿真精度控制（误差率小于3%）以及跨平台兼容性（支持8种工业协议）。统一的技术标准确保了不同厂家设备、软件系统之间的互联互通，为数字化技术的集成应用提供了坚实保障。

（三）技术体系搭建与集成

技术体系搭建与集成是供应链数字化转型的核心驱动力，通过构建新型基础设施架构夯实底层支撑，推动核心技术与业务深度融合，实现供应链智能化升级与协同发展。具体从新型基础设施架构与核心技术融合应用两大维度展开。

1. 新型基础设施架构

新型基础设施架构是数字化转型的底层基石，需结合企业业务需求选择适配方案，并强化安全保障能力，支撑供应链高效运行。

（1）混合云架构：平衡安全与效率。融合公有云的弹性扩展能力与私有云的数据安全优势，满足企业多样化业务需求。以杏花村为例，其采用AWS+OpenStack混合云方案，实现日均处理数亿条数据的高负载能力，同时将数据调用响应时间从分钟级压缩至秒级。该架构既能保障企业敏感数据存储于私有云的安全性，又可通过公有云灵活调用计算资源，支持供应链业务的动态扩展与实时响应。

（2）边缘智能节点：降低延迟与优化性能。利用边缘计算技术，在靠近数据源的网络边缘侧部署智能节点，实现数据的本地化处理。例如，某老字号企业在某工厂部署500多个边缘计算单元，通过实时分析设备运行数据，达成三大核心成效：一是实时质量控制，检测速度提升8倍，确保生产过程的质量稳定性；二是能耗优化，单位产品能耗降低12%，实现绿色生产；三是预测性维护，设备故障率下降35%，减少停机时间与维修成本，显著提升生产连续性。

2. 核心技术融合应用

核心技术融合应用是推动供应链数字化转型的关键引擎，需将数字孪生、区块链等技术与业务流程紧密结合，释放技术协同价值。

（1）数字孪生：虚实映射优化全流程。通过构建物理实体的虚拟数字镜像，实现供应链全生命周期的模拟、监控与优化。例如，老凤祥构建的数字孪生系统，在产品研发阶段，通过虚拟调试将开发周期缩短40%，提前规避设计缺陷；在运营阶段，基于数字模型进行故障模拟，问题复现率超95%，并优化供应链物流环节，使物流成本降低18%。该技术打破物理与虚拟世界的界限，为决策提供精准的可视化依据。

（2）区块链溯源：保障数据可信流通。利用区块链去中心化、不可篡改的特性，搭建供应链溯源体系。例如，五粮液应用区块链技术建立食品追溯系统，将原材料采购、生产加工、物流运输等全链条数据上链存储（覆盖超1000个节点），实现产品追溯效率的飞跃——定位问题环节时间从7天缩短至2.2秒。同时，该系统显著降低了质量事故发生率，投诉率下降65%，增强了消费者对产品质量的信任，提升了品牌公信力。

（四）组织能力与生态协同

组织能力与生态协同是供应链数字化转型的关键保障，前者聚焦企业内部人才结构优化与能力升级，后者强调企业外部生态合作伙伴的协同创新，二者共同构建供应链数字化转型的可持续发展动力。

1. 人才体系的供应链数字化转型

人才是推动供应链数字化转型的核心要素，需通过复合型团队建设打破部门壁垒，以及数字化技能重塑提升员工专业能力，实现组织与业务的深度融合。

（1）复合型团队建设：打破壁垒，深化融合。打破业务部门与 IT 部门之间的沟通障碍，构建跨职能协作模式。以东阿阿胶为例，其推行的“业务 +IT”双岗机制，让技术专家与业务主管联合办公，通过实时沟通与协作，有效解决了 83% 的流程冲突问题，需求交付周期缩短 50%。这种协作模式使技术开发更贴合业务实际需求，业务流程也能更好地适配数字化转型要求，实现技术与业务的双向赋能。

（2）数字化技能重塑：创新培训，提升能力。借助新兴技术手段开展员工培训，重塑员工数字化技能体系。例如，某老字号企业开发增强现实实训系统，通过虚拟现实技术模拟真实工作场景，让员工在沉浸式环境中学习操作技能。该系统显著提升了培训效率，员工技能达标时间从 30 天缩短至 12 天，操作失误减少 45%，同时推动多技能员工占比提升至 68%，为企业数字化转型提供了坚实的人才储备。

2. 生态协同的创新模式

生态协同是供应链数字化转型的重要延伸，通过与外部合作伙伴建立良好关系，实现资源共享、优势互补，并强化风险防控，提升供应链整体竞争力。

（1）供应商赋能：共享资源，共同成长。企业通过共享技术与管理经验，助力供应商提升运营水平。例如，华为向 200 家核心供应商开放质量管理系统，将自身先进的质量管理标准和方法传递给供应商。在华为的赋能下，供应商不良品率从 500PPM 大幅降至 50PPM，检测自动化率提升至 85%，ISO28000 认证周期缩短 60%。这种合作模式不仅提升了供应商的产品质量和生产效率，也保障了企业自身供应链的稳定性和可靠性。

（2）金融服务整合：多方联动，化解风险。联合金融机构搭建供应链金融平台，为中小企业提供融资支持。例如，某老字号企业构建的供应链金融平台连接32家金融机构，通过整合各方资源，实现了融资成本降低1.2个百分点，票据处理效率提升8倍，坏账风险下降40%。该平台基于供应链交易数据和信用记录，为中小企业提供灵活的融资方案，有效缓解了企业资金压力，同时通过风险评估和监控机制，保障了金融服务的安全性和可持续性，促进了供应链生态的健康发展。

（五）风险管理与持续改进

风险管理与持续改进是供应链数字化转型稳健推进的重要保障，通过构建全链风险防控体系抵御潜在威胁，建立持续优化机制推动迭代升级，确保供应链在复杂环境中保持韧性与竞争力，具体从以下维度展开。

1. 全链风险防控体系

全链风险防控体系聚焦供应链运营中的核心风险，通过创新技术应用与系统化方案设计，构建覆盖信息安全、业务连续性及质量管控的全方位风险防护网络。

（1）零信任架构：筑牢信息安全防线。摒弃传统基于边界的信任机制，以“永不信任，始终验证”为原则重构信息安全体系。例如，中国移动采用软件定义边界（SDP）技术，对所有网络访问请求实施严格的身份认证与权限控制，实现未授权访问拦截率超99.9%，漏洞响应时间从72小时大幅缩短至15分钟，数据泄露事件减少92%。该架构通过动态权限分配与持续身份验证，有效抵御内外部攻击，保障供应链数据安全与业务稳定运行。

（2）智能灾备系统：保障业务连续性。针对自然灾害、系统故障等可能导致业务中断的风险，构建具备高冗余性与快速恢复能力的智能灾备体系。例如，某老字号企业建立跨洲际镜像数据中心，支持每分钟200TB的数据同步，实现业务切换时间小于3分钟、恢复时间目标（RTO）小于15分钟的高效容灾能力。智能灾备系统通过实时数据复制与自动化故障切换机制，确保供应链在极端情况下仍能维持服务连续性，降低潜在损失。

2. 持续优化机制

持续优化机制以敏捷迭代为手段、价值评估为导向，形成“评估—改进—再评估”的闭环管理，推动供应链数字化转型持续深化。

（1）敏捷迭代体系：快速响应市场动态。建立高频次、小步快跑的敏捷迭代机制，提升供应链对市场变化的响应速度。例如，某老字号企业通过实施周级迭代策略，快速优化供应链系统功能与业务流程，实现需求响应速度较同行提升5倍，库存周转率提高至11次/年，新品上市周期缩短至14天。敏捷迭代体系通过“开发—测试—反馈—优化”的循环流程，确保供应链始终贴合市场需求与技术发展趋势。

（2）价值评估模型：量化转型成效。引入科学的价值评估工具，对数字化转型成果进行系统性量化分析。例如，埃森哲数字化价值评估模型助力某车企精准测算转型收益，实现单台物流成本降低17美元、质量追溯效率提升。价值评估模型通过设定成本节约、效率提升、营收增长等关键指标，为转型策略优化提供数据支撑，保障资源投入的有效性与可持续性。

四、老字号供应链数字化转型的三大核心策略

（一）分阶段推进策略

供应链数字化转型是一项复杂且长期的系统性工程。企业应依据自身数字化转型成熟度与业务需求，分阶段有序推进转型工作，通过逐步积累经验降低转型风险，确保转型稳步实施。

起步阶段：重点开展数字化转型意识培养与基础能力建设工作。一方面，针对管理层与员工开展数字化转型专题培训，提升全员对数字化转型的认知与理解；另一方面，推进基础信息化建设，如部署ERP系统、搭建数据中心等，为后续数字化转型筑牢根基。

发展阶段：聚焦采购、生产、物流等关键业务流程的数字化改造。引

入物联网、大数据分析等先进数字化技术，优化业务流程，提升运营效率与决策科学性。

成熟阶段：致力于构建全面的数字化生态系统，实现供应链智能化与协同化发展。与供应商、合作伙伴共建数字化转型协作平台，实现信息共享与业务协同；运用人工智能、区块链等技术，提升供应链透明度与信任度，打造具备核心竞争力的数字化供应链体系。

（二）生态协同发展策略

供应链数字化转型不仅是企业内部变革，更是整个供应链生态的重构。企业需与供应商、合作伙伴、客户等建立紧密协同关系，通过数据共享与业务协作，实现供应链优化与价值共创。

搭建数字化协作平台：企业可搭建数字化协作平台，与供应商、合作伙伴完成系统对接与数据共享。各方通过平台实时获取订单、库存、物流等信息，有效提升协同效率，减少信息不对称问题。

开展联合创新项目：与生态伙伴共同开展新产品研发、业务模式优化等创新项目。整合各方资源与优势，加速创新进程，提升市场竞争力。

构建信任保障机制：借助区块链等技术，打造透明可信的供应链生态。利用区块链记录交易信息与产品溯源数据，确保数据真实可靠、不可篡改，增强合作伙伴与消费者信任。

（三）持续优化提升策略

供应链数字化转型是一个动态发展过程，企业需建立持续改进机制，不断优化提升供应链数字化水平。

完善监测与评估体系：建立健全监测与评估体系，实时跟踪数字化转型进展与效果。设定运营效率、客户满意度、成本节约等关键绩效指标，定期评估转型成效，及时发现并解决问题。

鼓励创新试错机制：在数字化转型过程中，鼓励员工与团队大胆创新、积极试错。建立容错机制，允许在合理范围内开展创新实验，及时总结经验教训，优化转型策略与方案。

紧跟技术发展趋势：密切关注数字化技术发展动态，及时引入新技术、新应用，保持数字化转型领先优势。例如，随着人工智能、物联网等技术迭代升级，积极探索其在供应链中的创新应用场景，拓展数字化转型的深度与广度。

五、老字号供应链数字化转型的成效评估

对于老字号企业而言，供应链数字化转型的成效评估具有独特且关键的意义。一方面，通过评估可以精准衡量数字化转型为企业带来的实际效益，判断在采购、生产、销售等环节投入的人力、物力、财力是否得到相应回报，避免资源浪费，确保有限资源合理配置；另一方面，老字号承载着独特的品牌文化与历史记忆，成效评估能够帮助企业在转型过程中判断是否在保持传统特色的基础上实现创新发展，避免因过度追求数字化而丢失核心文化价值，从而在传承与创新之间找到平衡，助力老字号在数字化时代实现可持续发展。同时，向消费者、投资者等利益相关者展示评估成果，有助于提升企业的品牌形象和市场公信力，增强各方对老字号数字化转型的信心。

（一）评估体系的特色构建

1. 特色评估框架选择

老字号企业在选择评估框架时，除了参考通用的埃森哲、IDC 等评估框架外，还需结合自身特点。可引入“文化传承与数字化融合”评估维度，重点关注数字化转型对老字号传统工艺传承、品牌文化传播的影响。例如，借助数字化手段对传统制作工艺进行数字化记录和展示，让更多消费者了解老字号背后的故事，提升品牌文化影响力；同时结合行业特点，如餐饮类老字号可重点关注食材溯源、菜品配送的数字化水平，零售类老字号则聚焦库存管理、线上销售渠道建设等方面，制定专属评估体系。

2. 特色成熟度评估模型

老字号企业供应链数字化转型成效评估模型建议包括以下四个维度。

一是文化价值维度。以文化传承理论为基础，构建涵盖传统工艺数字化留存率、品牌文化线上传播覆盖率等指标的评估体系。通过统计传统工艺制作流程的数字化记录程度，评估企业对传统工艺的保护与传承；分析品牌文化在社交媒体、电商平台等线上渠道的传播范围和影响力，衡量数字化对品牌文化传播的促进作用。例如，某老字号糕点品牌将传统制作工艺拍摄成短视频在网络平台传播，通过统计视频的播放量、点赞数、转发数等数据，评估品牌文化的传播效果。

二是传统与现代融合维度。基于创新扩散理论，设置传统业务数字化改造率、线上线下协同效率等指标。评估企业在保持传统业务特色的基础上，对采购、生产、销售等环节进行数字化改造的程度；通过分析线上订单线下配送的时效性、库存信息共享的准确性等，衡量线上线下协同运营的效率。例如，某老字号药店实现线上预约购药、线下门店取药或配送，通过统计线上订单占比、配送及时率等数据，评估传统业务与数字化的融合效果。

三是市场响应维度。从市场需求理论出发，关注客户需求数字化捕捉率、新品研发周期缩短率等指标。利用大数据分析、消费者调研等数字化手段，评估企业对市场需求和消费者偏好的捕捉能力；通过对比数字化转型前后新品研发所需时间，判断企业对市场变化的响应速度。例如，某老字号服饰品牌通过分析线上销售数据和消费者评价，快速捕捉流行趋势，缩短新品研发周期，推出符合市场需求的产品。

四是数字能力维度。依据资源基础观，重点评估数据治理对传统业务的支撑度、智能决策在传统流程中的应用比例等指标。检查企业是否建立了适合老字号业务特点的数据治理体系，确保数据的准确性和可用性；统计智能决策在采购计划制订、库存管理等传统业务流程中的应用情况，衡量企业的数字能力水平。

（二）定量化评估工具的针对性运用

1. 特色指标体系构建

老字号企业可在供应链运作参考（SCOR）模型基础上，新增“文化特色保障”维度。例如，在交付可靠性指标中，增加特色产品文化包装完好率，衡量在数字化物流配送过程中，老字号产品文化包装的保护情况；在成本效率指标中，引入传统工艺数字化改造成本占比，评估企业在数字化转型过程中对传统工艺保护和传承的投入产出情况。同时，采用层次分析法确定指标权重时，要邀请老字号文化研究专家、行业资深从业者参与打分，充分考虑老字号的特殊属性。

2. 数据采集与处理的特色方法

在数据采集方面，除了利用设备物联技术采集生产、物流数据，还通过社交媒体数据抓取工具，收集消费者对老字号品牌文化传播内容的反馈数据。在数据处理环节，针对老字号产品的特殊属性，如具有历史价值的原材料来源、传统制作工艺的关键参数等，建立专门的数据校验规则，确保数据的真实性和准确性。例如，对于老字号酒类产品的酿造工艺数据，通过与传统酿酒大师的经验数据进行比对校验，保证数据质量。

（三）评估实施的特色路径

1. 诊断阶段

在现状扫描中，运用流程挖掘算法的同时，结合老字号的传统业务流程特点，分析传统工艺与数字化流程的衔接问题；在差距分析时，与同行业数字化转型成功的老字号企业进行对比，找出在文化传承与数字化融合方面的差距；采用加权评分模型进行优先级排序时，将对传统工艺保护和品牌文化传承的影响纳入考量，确定改进项目的优先级。

2. 改进阶段

试点验证选择具有代表性的门店或产品线，如在老字号餐饮企业的部分门店试点数字化点餐系统和食材溯源系统，观察对顾客体验和品牌形象的影响；规模推广时，注重对员工进行传统工艺与数字化技能培训，确保员工既能传承传统技艺，又能熟练运用数字化工具。

六、老字号企业供应链数字化转型中常用软件产品

老字号企业承载着独特的文化底蕴与传统工艺，但在数字化浪潮下，其供应链面临效率低、响应慢、协同差等问题。OMS、SRM、WMS、TMS、S&OP、BMS 等成熟软件产品，为老字号供应链数字化转型提供了有力支撑，助力其在传承中创新发展。

（一）订单管理系统（OMS）

OMS 是老字号企业对接市场需求的关键枢纽。老字号产品往往具有地域特色与文化属性，客户订单具有个性化、小批量特点。OMS 可实现订单全流程自动化处理，从接收客户订单开始，自动完成订单审核、拆分、分配等操作，并与企业资源计划（ERP）系统、财务系统深度集成，确保订单信息与财务数据实时同步。同时，支持多端协同，无论是线上电商平台订单，还是线下门店订单，都能在系统中统一管理，实现订单状态实时追踪，提升客户满意度。例如，某老字号糕点企业借助 OMS，能快速处理节日期间大量个性化礼盒订单，高效安排生产与配送，及时响应客户需求。

（二）供应商关系管理（SRM）系统

老字号对原材料品质要求严苛，稳定优质的供应商是保障产品质量的基础。SRM 系统基于历史交易数据构建供应商画像，从交付能力、质量水平、成本竞争力等多维度评估供应商。通过智能寻源功能，可快速筛选出符合老字号高标准的供应商，缩短寻源周期。例如，某老字号白酒企业通过 SRM 系统，精准筛选出优质粮食供应商，确保酿酒原料品质稳定。同时，数字化招标平台集成区块链技术，确保投标过程公开透明、不可篡改，应用智能合约自动触发履约条款，提升供应商管理效率与合作信任度。

（三）仓库管理系统（WMS）

老字号产品通常具有独特包装与存储要求，WMS 能有效应对这些挑战。支持多仓库、多货主模式，通过 RFID（射频识别）与 PDA（个人数字助理）设备实现实时库存盘点，精准掌握库存状态。智能货位分配算法根据商品销售热度、保质期等因素，动态调整存储位置，减少拣货路径耗时，提高仓储作业效率。在老字号食品企业中，WMS 可对不同保质期的产品进行分区存储与管理，确保先进先出，避免产品过期浪费。此外，通过 3D 建模技术模拟仓库布局，可优化空间利用率，满足老字号产品多样化的存储需求。

（四）运输管理系统（TMS）

老字号产品销售范围逐渐扩大，TMS 有助于优化运输调度。企业可借助 TMS 集成高精度地图与实时交通数据，支持动态路径优化，根据订单量、车辆载重等因素生成最优配送计划，并自动匹配承运商资源，降低运输成本。对于具有地域特色的老字号产品，如陶瓷、漆器等易碎品，TMS 可结合物联网传感器追踪运输状态，实时监控车辆震动、温度等数据，确保产品运输安全。在电商大促期间，TMS 能高效调度运力，保障老字号产品及时送达消费者手中，提升品牌口碑。

（五）产销协同（S&OP）系统

老字号产品生产往往兼具传统工艺与现代市场需求，S&OP 系统可实现生产与销售的高效协同。一是整合销售预测、库存数据、生产能力等信息，运用 TOC（约束理论）进行多目标优化，制订科学的生产计划。二是当市场需求发生变化时，系统可快速调整生产排程，避免生产过剩或缺货。例如，某老字号服饰企业通过 S&OP 系统，根据季节流行趋势与销售预测，合理安排传统服饰的生产计划，既满足市场需求，又减少库存积压。

（六）计费管理系统（BMS）

老字号企业在物流运输中，运费成本是重要支出。BMS 通过整合运输订单、承运商报价、运输距离等数据，实现运费的精准计算与结算。支持多式联运协同，综合考虑公路、铁路、海运等不同运输方式的成本与时效，提供最优运输方案建议。同时，对运费数据进行分析，帮助企业了解运费成本构成，发现成本优化空间。例如，某老字号茶叶企业通过BMS优化运输方案，降低长途运输中的运费成本，提升产品利润空间。

第三节　老字号供应链数字化转型的发展趋势

在数字化浪潮的持续推动下，老字号企业的供应链正经历着深刻变革，展现出一系列清晰的发展趋势与极具潜力的未来方向。

一、技术深度融合与创新应用

（一）人工智能与机器学习的深化应用

未来，人工智能（AI）和机器学习（ML）将在老字号供应链中扮演更为核心的角色。在需求预测方面，AI和ML算法能够更精准地分析海量数据，包括历史销售数据、社交媒体舆情、宏观经济指标等，从而提前数月甚至数年预测市场需求的波动。以老字号丝绸企业为例，通过深度分析时尚潮流趋势、消费者对不同图案和材质的偏好数据，企业能够提前规划生产，减少库存积压或缺货风险。在库存管理中，AI驱动的智能补货系统可实时监控库存水平，根据市场需求的动态变化自动生成补货建议，确保库存始终处于最优状态。

（二）物联网技术的全面覆盖

物联网（IoT）技术将进一步实现供应链各环节的深度连接与实时监控。老字号企业的生产设备、运输车辆、仓储货架等都将配备传感器，实现设备状态、产品位置、环境参数等信息的实时采集与传输。在老字号中药企业的生产过程中，通过物联网技术可以实时监控药材的炮制温度、湿度等关键参数，确保传统工艺的精准执行，提升产品质量稳定性。在物流环节，物联网传感器能够实时追踪货物运输状态，为TMS提供准确的数据支持，实现运输路径的动态优化，提高运输效率与安全性。

二、业务流程的智能化与柔性化升级

（一）智能决策贯穿供应链全程

随着数据的不断积累和分析技术的发展，老字号供应链将实现智能决策的全覆盖。从采购环节的供应商选择与采购量确定，到生产环节的排程优化与工艺调整，再到销售环节的定价策略与促销活动策划，都将基于大数据分析和智能算法做出决策。例如，老字号餐饮企业可以借助智能决策系统，根据实时的订单数据、食材库存、顾客评价等信息，动态调整菜品供应、优化原材料采购计划，并及时推出符合消费者口味的新菜品，从而提升企业的运营效率和市场竞争力。

（二）柔性生产与定制化服务成为主流

消费者对个性化产品的需求日益增长，老字号企业将更加注重柔性生产与定制化服务。通过数字化技术的应用，企业能够快速响应客户的定制需求，实现生产设备的快速调整与生产流程的灵活配置。例如，某老字号珠宝企业利用3D打印技术和数字化设计软件，根据客户的个性化设计要求，快速生产定制化的珠宝产品，满足了消费者对独特产品的追求，同时提升了企业的附加值和市场份额。

三、供应链协同与生态化发展

（一）上下游企业深度协同

老字号企业将与上下游供应商、经销商建立更为紧密的数字化协同关系。通过供应链协同平台，实现信息的实时共享与业务的无缝对接：供应商可以实时了解老字号企业的生产计划和原材料需求，提前做好生产和配送准备；经销商能够获取企业的产品库存、新品发布等信息，优化销售策略。以老字号家具企业为例，通过与木材供应商的深度协同，企业能够确保原材料的稳定供应，同时供应商也能根据企业需求调整生产计划，从而双方的运营效率和经济效益都得到提高。

（二）构建数字化生态系统

未来，老字号企业将积极融入数字化生态系统，与金融机构、物流服务商、科技企业等开展广泛合作。金融机构可以基于企业的供应链数据提供精准的金融服务，如供应链金融产品，解决企业的资金周转问题；物流服务商通过数字化技术提升配送效率，降低物流成本；科技企业则为企业提供先进的数字化解决方案，推动技术创新与应用。总之，老字号企业将与电商平台、物流企业、金融机构等共同构建数字化生态系统，实现线上销售、物流配送、资金结算等环节的高效协同，提升企业的市场影响力和竞争力。

第四节　老字号供应链数字化转型案例分析

一、宝生园：百年蜂业老字号的数字化突围

（一）企业概况

始创于1924年的宝生园，1993年被认证为“中华老字号”，作为国家蜂产品标准制定参与单位，历经百年发展已形成集养蜂、研发、生产、销售于一体的全产业链龙头企业。目前管理86个签约蜂农合作社，合作生态养蜂基地几千亩，产品覆盖蜂蜜、蜂王浆、蜂胶等高附加值蜂制品。2024年公司营收稳步增长。2025年一季度，销售收入同比实现大幅增长，

延续高质量发展态势。

（二）转型策略和落地动作

宝生园聚焦蜂产业痛点，推进供应链数字化纵深发展。建立“智慧蜂场云平台”，通过物联网传感器实时监测蜂箱温湿度、蜜源状况并结合气象数据 AI 分析，辅以覆盖 1.2 万名蜂农的 AI 养蜂助手 APP，2024 年优质原料蜜采集率提升 18%。

在全域营销方面，构建会员大数据中心，打通线上商城、线下专柜及健康讲座场景，通过企业微信开展“养生顾问”式服务，推送季节养生套餐等定制化方案，私域客单价提升 35%。

在透明工厂建设方面，在 GMP 工厂部署 MES 系统实现从原料验收到灌装全流程数字化追溯，关键工序采用 AI 视觉检测替代人工，产品批次合格率达 99.98%、质量投诉率大大下降，同时基于几十万组蜜源数据开发高原雪蜜等地域特色单品。

在产业链协同方面，搭建“蜂农—工厂—渠道”协同平台，实时共享库存与订单数据，动态优化采购计划与物流路径，使原料周转效率提升 25%、配送时效提升 30%。

在管理决策升级方面，ERP 系统集成供应链全环节数据，借助 AI 算法预测区域消费趋势，2025 年旺季备货准确率提升 28%、滞销库存减少 40%。

此外，开发“蜂享健康”小程序提供产品溯源、服用提醒及在线咨询服务，会员复购周期缩短 22%，高净值客户留存率超 85%。

（三）转型成效

数字化供应链重塑显著提升了企业核心竞争力，实现供应链综合年成本大幅节约，资金周转率提升 26%，现金流健康度跃居行业前列；线上营收占比突破 45%，高端蜂王浆系列毛利率提升 3.1 个百分点；全渠道会员总数达几百万，私域用户转化率提升 40%，蜂胶产品复购率升至 42%，

Z世代客群营收占比跃至29%，“轻养生”便携蜂蜜条成爆款且年轻用户渗透率提升50%；原料供应稳定性提升35%，紧急订单48小时交付率达95%，客户满意度达98分。

（四）经验启示

宝生园的转型实践为农产品老字号提供了可复用的六条路径：从蜂农生产低效、质量追溯难等产业链薄弱环节切入，以数字化工具直击痛点；打破“蜂场—工厂—市场”数据壁垒，通过蜂场云平台直连MES系统，实现全链路可视化管理；将物联网、AI质检等技术与百年工艺融合，以AI视觉检测等手段筑牢质量防线；通过数字化平台赋能蜂农提升原料品质与收购效率，实现产业链共赢；将产品延伸为“蜂享健康”顾问体系等服务，通过数字化工具深化用户连接；借助区块链溯源等技术焕新品牌内涵，让传统养生智慧赢得Z世代青睐。

二、双鱼体育：乒乓球器材行业老字号的数字化突围

（一）企业概况

始创于1954年的双鱼体育作为中国乒乓球器材行业“中华老字号”，历经数十载发展成为全球知名体育用品制造商，产品覆盖乒乓器材、羽毛球器材、运动服饰等品类。2024年公司营收稳步增长。2025年一季度，销售收入同比实现增长，为全年目标筑牢根基。

（二）转型策略和落地动作

在数据驱动研发方面，企业构建全球赛事与消费者反馈分析平台，2024年推出内置传感器的“AI智能乒乓球拍”，依托海量击球数据实现个性化训练指导，同时通过物联网传感器采集巨量运动生物力学数据，优化球体弹性参数。

在全域营销方面，统一会员数据中心，打通多场景数据，通过企业微信与小程序对乒乓球爱好者进行分层运营，定向推送定制化内容，以提升

私域复购率。

在柔性制造方面，核心工厂部署MES系统与智能排产模块，实现“小批量、多批次”生产，订单切换效率提升30%，AI视觉质检系统应用于乒乓球生产线后，将产品良率提升至99.8%，日产能达50万只。

在供应链可视化管理方面，端到端SCM平台集成供应商与物流数据，物联网技术使关键原料库存周转率加速22%、缺货率下降40%，产业云平台连接276家供应商后，需求预测准确率从68%提升至92%，AGV机器人矩阵将全球订单履约周期缩短至72小时内。

在管理决策升级方面，新一代ERP系统整合财务、采购与生产数据，AI需求预测模型提升销售计划准确率25%，供应链控制塔系统实时监控全球23个节点，使决策响应速度提升400%；器材植入NFC芯片后，售后问题解决时效缩短至4小时。

此外，“赛事一站式服务平台”为大型锦标赛提供在线报名、器材租赁等服务，在2025年亚洲青少年乒乓球锦标赛中缩短筹备周期15天。

（三）转型成效

在效率与成本优化方面，供应链年综合成本显著下降，资金周转率提升23%，现金流健康度改善。

在市场响应方面，新品上市周期缩短35%，线上营收占比突破40%，综合毛利率提升1.9个百分点。

在用户资产激活方面，全渠道会员达几百万，私域转化率提升32%，核心器材复购率升至38%，Z世代客群营收占比跃至31%。

在供应链韧性增强方面，原料供应波动应对速度提升50%，紧急订单交付准时率达98%，同时通过物流优化与包材循环年减少碳排放15%，ESG评级跻身行业前三。

（四）经验启示

双鱼体育的转型实践形成六大经验：聚焦库存高、响应慢等供应链核心痛点，通过可视化平台与智能预测实现价值突破；打破信息孤岛，构建从消费端到供应端的全链路数据流；将 IoT、AI 技术与业务深度融合，如传感器球拍反哺研发数据库，形成闭环；与供应链伙伴共建数字化联盟，共享库存视图，提升抗风险能力；设立"数字化供应链专班"，培养复合人才，推行数据驱动的文化变革；将供应链能力转化为赛事服务等 B 端输出，开拓增量收入路径。

三、鹰金钱："中华老字号"的供应链数字化转型"鲜"锋

（一）企业概况

始创于 1956 年的鹰金钱，作为中国水产罐头行业的"中华老字号"，历经数十载匠心沉淀，已发展为以豆豉鲮鱼罐头为核心，覆盖即食海鲜、预制菜等品类的综合性食品集团。产品远销全球 40 余国。2024 年，企业营收实现强劲增长；2025 年一季度，销售收入同比实现大幅跃升，预制菜新业务贡献显著，展现出蓬勃的发展动能。

（二）转型策略和落地动作

在数据驱动风味创新方面，鹰金钱搭建"全球口味数据库"，通过分析海外消费趋势与国内区域口味偏好，于 2024 年推出"低盐广式鲮鱼"与"东南亚酸辣风味"系列；同时依托水产运输车温湿度监控仪获取的近百万条鲜度数据，结合风味物质分析开发低盐豆豉鲮鱼。

在全域营销方面，企业构建"鲜味会员"数据中台，打通商超、电商及餐饮批发渠道，借助企业微信开展"主厨私房菜"内容营销（附罐头创意食谱），使私域用户客单价提升 33%，Z 世代互动率翻倍；截至 2025 年 Q1，会员总数增长至近 700 万，私域转化率达 41%，复购频次 2.8 次 / 年，Z 世代客群占比从 15% 跃升至 45%，预制菜单品复购率高达 58%，线上营收占比达 44%，跨境 B2C 销售额增长近 3 倍。

在智能工厂建设方面，鹰金钱引入 AI 视觉质检与自动化灌装线，实

现罐头封口缺陷毫秒级识别；MES 系统动态调整生产计划，将小批量定制订单交付周期缩短 40%，满足高端酒店专供需求；AI 视觉分拣系统可识别 22 类鱼体缺陷，使原料利用率从 78% 提升至 92%，客诉率降至 0.12‰，出口产品通关合格率保持 100%。

在全链协同管理方面，企业建立“渔获—加工—流通”数字平台，渔船北斗定位直连工厂系统，基于原料新鲜度预测模型，原料周转效率提升 30%，采购损耗率下降 28%；区块链平台连接 52 个渔业合作社，马来西亚金枪鱼原料到厂时效缩短至 36 小时。

在智能决策与风险管控方面，升级后的供应链控制塔整合天气、海运与市场需求数据，AI 算法预判原料价格波动，2025 年鲮鱼采购成本节约 12%，旺季断货风险降低 50%。

此外，“鹰厨供应链”APP 为餐饮客户提供一键下单、菜品培训、库存预警服务，助力 B 端客户复购率提升 27%，高端餐饮渠道覆盖率扩大至 35%。

（三）转型成效

数字化转型使鹰金钱实现供应链、收益、用户等多维度突破。年度供应链综合成本显著下降，资金周转率提升 29%，现金流周期缩短 15 天；线上营收占比突破 42%，高端预制菜毛利率提升 4.2%；私域用户转化率提升 38%，核心产品复购率达 44%，年轻家庭客群占比升至 36%；Z 世代贡献营收占比跃至 33%，“一人食”即食海鲜杯系列首年销量破百万份；原料到货准时率提升至 96%，紧急订单 24 小时交付率超 90%，客户投诉率下降 60%；通过包材循环系统与物流算法优化，获评“中国食品行业绿色供应链标杆”。

（四）经验启示

鹰金钱的转型实践形成六大经验：聚焦原料保鲜难、定制响应慢等行业痛点，以渔船直连工厂等数字化手段实现快速见效；打破“海洋—工厂—餐桌”数据孤岛，通过原料新鲜度预测模型构建全链路鲜度可视化管理；将AI质检、区块链溯源与传统制罐工艺深度融合，筑牢品质防线；依托数字平台赋能渔民与餐饮客户，优化渔船调度、提供库存预警，构建共生共赢生态；将罐头产品升级为“餐饮解决方案”，通过主厨菜谱、供应链APP连接B/C端场景；借助“罐头脑洞社”等社交媒体运营，用年轻化语言重塑品牌文化，使老字号成为新消费时代的“社交货币”。

鹰金钱的实践证明，传统食品企业的数字化转型本质是鲜度价值链的重构。通过将制罐工艺转化为数据智能，以供应链为枢纽打通从“渔船到货架”的鲜味高速路，企业不仅守护了广式风味的金字招牌，更在预制菜浪潮中抢占了“鲜”机，为老字号的可持续发展提供了创新范本。

第五章　智能制造数字化转型

第一节　智能制造数字化转型概述

一、智能制造数字化转型的内涵

智能制造数字化转型是指制造企业通过应用数字技术，对产品设计、生产制造、运营管理、供应链等各个环节进行全方位、全链条的改造和升级，从而实现生产效率和产品质量的提升，以及商业模式的创新。这一概念源于工业4.0，核心在于数据驱动和智能决策。

智能制造数字化转型的核心要素主要包括物联网与工业互联网、人工智能与机器学习技术、云计算与边缘计算三个方面。其中，物联网与工业互联网作为实现智能制造的关键基础设施，通过互联互通生产设备、产品、人员等要素，搭建起高度集成的数字化生产环境，不仅实现生产过程的实时监控与远程控制，还为预测性维护、能源管理等提供智能支持，而工业互联网平台的建成，进一步推动产业链上下游协同创新；人工智能与机器学习技术在智能制造中占据重要地位，从智能检测、质量预测到生产调度优化，人工智能技术全方位提升制造业智能化程度，机器学习技术能从历史数据中挖掘规律，为生产决策提供智能支撑，并在产品设计、工艺优化等环节发挥作用；云计算与边缘计算相结合，为智能制造赋予强大的计算和存储能力，云计算平台支持大规模数据处理与分析，边缘计算实现数据实时处理与响应，这种混合计算模式提升了系统灵活性与可靠性，为智能制造系统的扩展和升级创造有利条件。

二、智能制造数字化转型的价值

在现代信息技术驱动下，智能制造技术体系、运营模式、实现路径、价值分配等正经历深层次变革，这一过程对制造业价值链各环节产生冲击与再造，进而引发价值链重构。在此背景下，智能制造数字化转型对传统制造企业的价值，主要体现在以下三个方面。

（一）重构以用户为中心的智能制造体系

互联网时代，定制消费潮流成为智能制造的新方向，“定制化”成为企业满足新一代用户个性化需求的必然选择。随着全球数字工业革命推进，创新制造技术和模式不断涌现。新一代信息技术将生产过程信息完整映射到数字化空间，并以数据形式在原材料供应、生产制造、营销服务等价值链各环节自主流动，打破信息壁垒，大幅提升生产效率。同时，消费者通过与厂商建立数字化连接，深度参与生产设计和制造全过程，强化了产品与市场需求的匹配度，使大规模个性化定制成为智能制造新模式的主流。这些变化推动制造业从“以产品为中心”向“以用户为中心”转变，重塑了价值创造逻辑，催生新的竞争优势构建路径。企业通过构建用户需求驱动的敏捷制造体系，实现从传统产销模式向个性化定制、服务型制造等新模式的跨越发展。

（二）赋能传统销售运营

智能制造数字化转型服务销售运营的终极目标是实现质量更优、成本更低、效率更高、效益更好，其本质是通过销售—研发—制造—物流等全价值链的数字化转型，有效解决行业痛点。实施智能制造数字化转型，能推动技术、管理、装备、物料与制造五个维度的变革，从自动化、数字化、信息化、精益化、网络化、柔性化、可视化、智能化八个方面建设端对端的智能制造体系。这有助于企业在供应链管理、供需精准匹配、生产智能管理等环节全面提升效率，改变传统模式的效率曲线。此外，利用数字化技术围绕客户全生命周期重塑销售流程，通过深入挖掘和分析数据，为传统销售运营赋能。具体而言，数字化技术助力企业拓展线上销售渠道，精准分析客户需求，优化市场推广策略，提高市场占有率；通过实时监控和智能预警，优化库存管理，加速资金流转，减少库存积压和资金占用，实现供应链透明化和智能化管理。

（三）构建企业智能制造的“数字大脑”

数字化浪潮席卷各行业，传统以ISA-95为代表的“金字塔”分层体系已难以满足制造业更智能、更敏捷、更协同、更灵活的发展要求。构建企业级的数字化智造中枢成为关键，“智造中枢”能够在底层业务支撑、应用开发、企业管理变革、业务数据贯通等方面全面支撑企业发展。例如，依托“智造中枢”平台，可构建销售、产品、生产、用户的全链路数字化管理体系，整合企业资源，实现资源优化配置与协同效能提升；基于“智造中枢”的底层开发平台，能强化定制化、柔性化业务功能的敏捷开发能力，满足灵活性和个性化的业务需求。随着MOM（生产运营管理）、MES（制造执行系统）、ERP（企业资源计划）等企业内部管理软件向平台化、行业套件化、专业化方向发展，大型企业的智能制造数字化转型已从过去的“选应用”转变为现在的“建平台”。因此，打造敏捷的“数字化底座和智造中枢”成为企业智能制造数字化转型的大趋势，也将是未来工业企业的制胜法宝。

三、智能制造数字化转型面临的挑战

制造企业推进数字化转型，旨在复杂多变的内外部环境中保持强劲且可持续的生命力与竞争力。而清晰认识当前存在的问题和困难，是实现转型目标的关键所在。目前，智能制造数字化转型主要面临以下挑战。

（一）数据层面

数据问题是智能制造数字化转型的主要瓶颈之一。工业数据来源广泛，涵盖设备、软件、系统、人员等多个场景，数据标准不统一成为突出问题。数据流通存在权属界定模糊、技术支撑不足、标准规范不一致等障碍，导致数据难以顺畅流动，出现“有数流不动”的困境。同时，数据互操作、模型互识别、接口互连接等标准难以达成统一，不同主体采用的数据结构、标准和格式差异显著，极大增加了数据集成与共享的难度。

尽管我国已成立多个标准化机构，并发布了《国家智能制造标准体系建设指南》等文件，但具体标准的研制与推广尚处于起步阶段，市场接受度有待提高。企业在实际应用过程中，仍然面临诸多数据标准相关的挑战。此外，政府与企业的数据开放共享水平有待提升，数据资源难以实现有效整合，严重制约了智能制造数字化转型的推进进程。

（二）技术层面

在软件应用方面，系统集成难题、数据安全与隐私风险，以及技术快速迭代等问题，成为阻碍智能制造数字化转型实施的重要因素。智能制造数字化转型涉及物联网、大数据、人工智能、云计算等前沿技术，这些技术专业性强、复杂度高，企业需要将多种技术进行整合，构建完整的数字化转型体系。

然而，当前许多企业对新兴技术的认知仍停留在传统 IT 系统应用阶段，在新旧系统集成过程中，面临技术架构差异、数据标准不统一等挑战，显著增加了转型实施的难度。同时，新兴技术发展日新月异，传统制造企业在理解和应用这些技术时困难重重，新旧技术问题相互叠加，进一步加剧了转型的复杂性。

（三）人才层面

智能制造数字化转型需要大量兼具制造技术和数字化技能的复合型人

才，但目前市场上此类人才严重短缺，企业培养人才面临成本高、风险大的困境。企业难以寻觅到同时掌握机械制造、自动化控制、数据分析和软件开发等多领域知识的专业人才，导致数字化团队组建困难，严重制约了转型进程。

具体表现为：一方面，相关专业生源数量少且质量参差不齐，企业难以“找到”合适的人才；另一方面，职业教育投入不足，人才供给难以满足市场需求，企业“招不来”所需人才；此外，高技能人才与企业现有管理机制不匹配，导致人才“留不住”。这种人才短缺与培养困境，成为智能制造数字化转型的重要阻碍。

第二节　老字号智能制造数字化转型概述

一、老字号智能制造数字化转型的特征

在智能制造浪潮席卷全球制造业的背景下，老字号企业依托深厚的文化底蕴与工艺积淀，开启数字化转型进程，在智能制造领域呈现出独有且鲜明的特征，这些特征重塑生产范式，为老字号注入持续发展动力。

（一）生产流程自动化与柔性化深度融合

传统老字号生产模式依赖人工经验与固定工艺流程，面对市场多样化需求时灵活性不足。数字化转型推动其生产流程向自动化与柔性化融合发展。一方面，通过引入工业机器人、自动化生产线及智能控制系统，替代传统人工操作，实现生产环节的精准控制，大幅提升生产效率与稳定性。另一方面，借助模块化设计、参数化编程等技术，生产线可快速切换生产任务，适应多品种、小批量的生产需求，既保证标准化生产质量，又增强对市场动态变化的响应能力，有效平衡生产效率与产品定制化需求。

(二)设备智能化管理与预测性维护体系构建

老字号企业借助物联网、大数据与人工智能技术，构建起设备智能化管理与预测性维护体系。生产设备通过传感器实现互联互通，实时采集运行数据，涵盖温度、压力、振动、能耗等关键指标。基于数据分析模型与算法，系统能够对设备运行状态进行实时监测与健康评估，提前识别潜在故障风险，并自动生成维护计划。这种管理模式摆脱了传统事后维修的被动局面，实现从预防性维护到预测性维护的升级，降低设备突发故障导致的生产中断风险，延长设备使用寿命，提升设备综合利用率，同时优化维护资源配置，降低维护成本。

(三)质量控制全程数字化与精准化升级

智能制造促使老字号企业的质量控制体系向全程数字化与精准化方向升级。从原料采购环节开始，利用数字化手段对供应商资质、原材料质量进行严格把控与数据留存；生产过程中，通过传感器与智能控制系统实时监测关键工艺参数，对温度、时间、配比等进行自动调节，确保生产过程稳定可控。产品完成后，赋予每批次产品唯一的数字化标识，建立全流程质量追溯体系，实现从原料到成品的信息可追溯。数字化质量控制不仅提升质量管控效率，还能通过数据分析挖掘质量改进方向，持续优化产品品质，传承老字号对品质的严苛追求。

(四)人机协同作业模式创新发展

在智能制造转型过程中，老字号企业积极探索人机协同作业新模式。传统手工技艺蕴含的独特经验与智慧，与智能设备的高效、精准特性相结合，形成优势互补。智能设备承担重复性、规律性强的生产任务，保障生产过程的标准化与高效率；而工匠凭借多年积累的经验，在产品品质判断、工艺细节调整、复杂问题处理等方面发挥关键作用，尤其在对产品品质与特色起决定性作用的环节进行人工把关与优化。这种人机协同模式既保留老字号产品的传统工艺特色与文化内涵，又借助智能化技术提升生产效率与产品一致性，实现传统工艺与现代科技的有机融合。

老字号企业在智能制造领域的数字化转型特征，围绕生产、设备、质量与作业模式展开，在传承品牌文化基因的同时，借助数字化、智能化技术实现生产效能提升与产品竞争力增强，为老字号在新时代的可持续发展开辟了科技与传统交融的创新路径。

二、老字号智能制造数字化转型的关键环节

智能制造数字化转型过程涉及多个关键环节，它们相互关联、协同作用，共同推动老字号企业突破传统发展瓶颈，实现生产模式革新与竞争力提升。

（一）基础设施数字化建设

数字化基础设施是老字号智能制造转型的根基。企业需构建高速、稳定的网络环境，实现工厂内部设备、系统与外部网络的互联互通，确保数据能够实时、准确传输。同时，部署工业级服务器、存储设备等硬件设施，为海量生产数据、运营数据的存储与处理提供支撑。此外，引入云计算平台，可根据企业需求动态分配计算资源，降低硬件投入成本，提升数据处理效率。通过搭建物联网平台，将生产设备、传感器、控制系统等接入网络，实现设备状态的实时监测与远程控制，为后续智能化应用奠定基础。

（二）生产流程智能化重构

生产流程的智能化重构是老字号转型的核心环节。首先，需对传统生产流程进行梳理与优化，识别重复性、规律性强的生产任务，引入工业机器人、自动化生产线等设备替代人工操作，提升生产效率与稳定性。其次，借助模块化设计、参数化编程等技术，实现生产线的柔性化改造，使其能够快速响应市场需求变化，完成多品种、小批量产品的生产切换。再者，利用数字孪生技术，在虚拟环境中构建生产流程的数字化模型，通过

模拟仿真对生产工艺、设备布局等进行优化，提前验证生产方案的可行性，减少实际生产中的试错成本。

（三）数据资源整合与价值挖掘

数据是智能制造的核心生产要素。老字号企业在转型过程中，需整合生产、设备、质量、供应链等多源数据，建立统一的数据管理平台，实现数据的标准化存储与共享。通过数据清洗、筛选等预处理，确保数据的准确性与可用性。运用大数据分析、机器学习等技术，对数据进行深度挖掘，从设备运行数据中预测故障风险，从生产数据中优化工艺参数，从质量数据中发现改进方向。将数据转化为有价值的信息，为企业生产决策、管理优化提供科学依据，实现数据驱动的智能化运营。

（四）设备智能运维体系构建

构建设备智能运维体系能够保障生产连续性。企业通过在设备上加装传感器，实时采集温度、振动、能耗等运行数据，并将数据传输至设备管理系统。利用数据分析算法对设备状态进行健康评估，结合历史数据与故障模型，提前预测设备潜在故障，自动生成维护计划。同时，建立远程运维平台，技术人员可通过网络对设备进行远程监控与故障诊断，减少现场维护的时间与人力成本。这种从被动维修到主动运维的转变，有助于延长设备使用寿命，提高设备综合效率。

（五）质量管控数字化升级

数字化质量管控是老字号坚守品质的重要保障。在原料采购环节，利用数字化手段对供应商资质、原材料质量进行评估与追溯；生产过程中，通过传感器与智能控制系统实时监测关键工艺参数，一旦出现偏差自动报警并进行调整。为每批次产品赋予唯一的数字化标识，建立全流程质量追溯体系，消费者可通过扫码获取产品生产信息，企业也能快速定位质量问题源头。借助质量数据分析，挖掘质量波动规律，持续优化生产工艺与管理流程，实现质量管控的闭环管理。

（六）人才结构优化与培养

转型离不开专业人才支撑。老字号企业需优化人才结构，引进智能制造领域的专业技术人才，如工业互联网工程师、数据分析师、自动化系统设计师等。同时，加强对现有员工的数字化技能培训，提升其操作智能设备、使用数字化工具的能力。此外，注重培养既懂传统工艺又熟悉智能制造技术的复合型人才，促进传统工艺与现代科技的深度融合。通过建立完善的人才激励机制，吸引和留住人才，为企业转型提供智力保障。

老字号智能制造数字化转型的各关键环节相辅相成，从基础设施搭建到人才培养，每一个环节都至关重要。只有系统推进这些环节的建设与优化，老字号企业才能在传承传统优势的基础上，实现智能制造的成功转型，在新时代的市场竞争中焕发新的活力。

三、老字号智能制造数字化转型的规划实施

老字号企业的智能制造数字化转型是一项系统工程，需要企业从战略规划、基础设施、生产制造、数据管理、供应链协同以及人才培养等多个方面统筹推进。

（一）制定清晰的转型战略规划

老字号企业应首先明确自身的发展定位与转型目标，结合企业的历史文化底蕴、产品特色以及市场需求，制定符合自身发展的智能制造数字化转型战略。在战略规划中，需确定转型的阶段性目标，如短期实现生产设备的初步联网与数据采集，中期完成生产流程的智能化改造，长期达成全产业链的数字化协同。同时，明确转型的重点领域，是优先提升生产效率，还是着重优化产品质量，或是拓展数字化营销渠道，确保转型工作有的放矢。此外，战略规划还应涵盖对市场趋势、技术发展的前瞻性分析，为企业的长期发展预留空间。

（二）夯实数字化基础设施建设

数字化基础设施是转型的根基。企业需搭建高速、稳定的工业网络，实现工厂内部设备、系统之间的互联互通，以及与外部网络的有效对接，保障数据传输的实时性与准确性。加大对服务器、存储设备等硬件设施的投入，建立安全可靠的数据存储与处理中心，以应对海量生产数据、运营数据的存储与计算需求。引入云计算平台，根据企业业务需求灵活分配计算资源，降低硬件建设与维护成本。同时，构建物联网平台，将生产设备、传感器、智能终端等接入网络，实现设备状态的实时监测与远程控制，为后续智能化应用提供基础支撑。

（三）推进生产制造智能化升级

在生产制造环节，企业应逐步推进智能化升级。首先，对传统生产设备进行智能化改造，通过加装传感器、控制器等智能部件，实现设备的自动化运行与数据采集。其次，引入工业机器人、自动化生产线等先进设备，替代重复性、高强度的人工操作，提高生产效率与产品质量稳定性。利用数字孪生技术，在虚拟环境中构建生产系统的数字化模型，对生产工艺、设备布局、物流路径等进行模拟仿真与优化，减少实际生产中的试错成本。同时，建立制造执行系统（MES），实现对生产过程的实时监控与精细化管理，确保生产计划的高效执行。

（四）强化数据资源管理与应用

数据是智能制造的核心要素。老字号企业需建立统一的数据管理平台，整合生产、设备、质量、销售等多源数据，实现数据的标准化存储、共享与管理。通过数据清洗、筛选、标注等预处理工作，提高数据的质量与可用性。运用大数据分析、人工智能等技术，对数据进行深度挖掘，从设备运行数据中预测故障风险，从生产数据中优化工艺参数，从市场数据中洞察消费趋势。将数据驱动的决策理念融入企业运营的各个环节，通过数据为产品研发、生产管理、市场营销等提供科学依据，实现企业运营的智能化与精细化。

（五）优化供应链数字化协同

数字化转型要求老字号企业对供应链进行优化升级。企业应构建数字化供应链管理系统，实现与供应商、经销商、物流企业等合作伙伴的信息共享与协同运作。在采购环节，通过数字化平台实时掌握原材料的供应情况、价格波动等信息，优化采购计划与供应商管理。在物流配送环节，物联网、大数据技术可以实现对运输车辆的实时监控与路径优化，从而提高物流效率，降低配送成本。同时，建立供应链预警机制，及时应对原材料短缺、物流中断等突发情况，保障供应链的稳定运行。

（六）加强人才队伍建设与培养

人才是企业转型的关键因素。老字号企业一方面要积极引进智能制造、数字化技术等领域的专业人才，充实企业的技术研发与管理团队。另一方面，要加强对现有员工的培训，通过开展数字化技能培训课程、组织人员外出学习交流等方式，提升员工的数字化素养与操作能力。另外，要重视培育既通晓传统工艺、又熟稔智能制造技术的复合型人才，促进传统工艺与现代科技的深度交融。建立完善的人才激励机制，通过绩效考核、薪酬福利、职业发展通道等措施，吸引和留住人才，为企业转型提供持续的智力支持。

四、老字号智能制造数字化转型的成效评估

老字号智能制造数字化转型成效评估是一个复杂的系统工程，涉及多个维度、遵循特定流程，并依赖多种工具。

（一）评估的核心维度

老字号智能制造数字化转型成效评估涉及多个核心维度，各维度相互关联、相互影响，共同勾勒出企业智能制造数字化转型的整体面貌。

1. 生产效能维度

生产效能是衡量企业转型成效的基础维度。在传统生产模式下，老字号企业多依赖人工操作与固定流程，生产效率较低且易受人为因素影响。数字化转型后，企业通过引入自动化生产线、智能控制系统等技术，实现生产环节的智能化升级。设备综合效率（OEE）成为评估生产效能的关键指标，它从时间稼动率、性能稼动率、良品率三个方面，全面反映设备在计划生产时间内的实际运行状况、生产速度达标情况以及产品合格比例。此外，单位时间产量、生产线自动化率等指标，也直观体现了生产效率的提升，帮助企业判断转型是否有效缩短生产周期、提高资源利用效率。

2. 产品质量维度

产品质量是老字号立足市场的根本，也是转型成效评估的重要维度。数字化转型为企业产品质量管控带来了新的手段和思路。一方面，通过智能传感器和控制系统，企业能够实时监测生产过程中的关键工艺参数，一旦出现偏差会自动调整，大大提高了产品质量的稳定性，质量合格率、次品率等量化指标直接反映了这一变化。另一方面，借助数字化技术，企业建立起完善的产品质量追溯体系，从原材料采购、生产加工到成品出厂，每一个环节的信息都可通过数字化标识进行追踪，消费者扫码即可获取产品详细信息，企业也能快速定位质量问题源头并及时改进，这有效增强了消费者对品牌的信任。

3. 运营成本维度

运营成本的控制直接影响企业的经济效益，也是评估转型成效的关键维度之一。在人力成本方面，自动化设备的应用减少了对人工岗位的依赖，降低了人力成本支出，人力成本节约率成为衡量这一变化的重要指标。在设备维护方面，预测性维护系统通过对设备运行数据的实时监测和分析，提前发现潜在故障并及时处理，减少了突发故障带来的维修费用和生产中断损失，设备维护成本下降比例可直观体现这一成效。此外，智能控制系统还能对能源消耗进行优化，降低能源成本，能源成本降低率反映了企业在节能降耗方面的成果。同时，存货周转率、固定资产利用率等指标，可评估企业资源配置效率是否因数字化转型得到优化。

4. 市场竞争力维度

市场竞争力是企业转型成效的直观体现。在数字化转型过程中，老字号企业积极拓展线上销售渠道，利用电商直播、社交媒体营销等手段，提升品牌知名度和产品市场占有率。市场份额增长率、线上销售额占比等指标分别从市场拓展和销售渠道优化的角度，评估企业在市场中的表现。客户满意度调查则直接反馈了消费者对企业产品与服务的评价，通过了解消费者对产品功能、质量、售后服务等方面的满意度，企业能够判断自身在市场中的竞争地位，以及转型是否有效提升了客户体验。

5. 管理决策维度

数字化转型推动老字号企业管理模式发生深刻变革，管理决策维度的评估关注企业在数据驱动决策能力和管理效率提升方面的表现。在数据驱动决策方面，通过分析数据在企业生产计划制订、产品研发、市场营销等决策中的应用频率和决策准确率，可衡量企业是否实现从经验驱动向数据驱动决策的转变。在管理效率方面，办公自动化系统、企业资源计划（ERP）系统等数字化管理工具的应用，减少了管理流程节点数量，缩短了决策审批时间，提高了企业内部信息共享程度和跨部门协作效率，这些变化都可通过相应指标进行评估。

（二）评估的基本流程

老字号智能制造数字化转型成效评估需要遵循一定的流程，以确保评估结果的科学性和准确性。

1. 前期准备阶段

首先，企业需明确评估目标与范围，确定是全面评估转型整体成效，还是聚焦某一特定领域，同时界定评估的时间范围和对象范围。接着，组建评估团队，团队成员应包括企业内部管理人员、技术人员、财务人员，以及外部行业专家、咨询顾问等，确保评估的专业性和客观性。最后，收集基础数据与资料，涵盖生产、财务、市场等多方面数据，以及企业转型战略规划、项目实施方案等相关资料，为后续评估提供充足依据。

2. 实施评估阶段

在数据整理与分析环节，对收集到的数据进行清洗、筛选和分类，运用统计学方法和数据分析工具，对定量数据进行计算和建模，对定性数据进行归纳总结。然后，根据预先设定的评估标准，对各项指标进行评分，并运用层次分析法（AHP）、主成分分析法等方法确定指标权重。最后，将指标评分与权重相结合，计算出各维度得分和总体转型成效得分，通过对比分析找出企业转型的优势与不足，明确转型成效变化趋势。

3. 总结反馈阶段

根据评估结果，撰写详细的评估报告，深入分析各维度评估结果，结合数据和案例说明转型成效、存在问题及潜在风险。将评估报告反馈给企业管理层、相关部门及员工，组织沟通会议解读评估结果，听取各方意见和建议，共同探讨改进措施。基于反馈意见制订后续改进计划，明确目标、措施、责任人和预期效果，并将其纳入企业战略规划和日常运营管理，形成评估—反馈—改进的闭环管理机制。

（三）常用的评估工具

为了更高效、准确地开展评估工作，企业需要借助多样化的评估工具。

1. 数据采集与处理工具

企业资源计划（ERP）系统集成了企业财务、采购、生产、销售等核心业务流程，可实时采集各类数据，并通过数据分析模块生成报表，为评估提供全面的数据支持。制造执行系统（MES）专注于生产过程管理，能实时监控设备运行状态、生产进度等数据，并以图表、看板等形式可视化展示，帮助评估人员了解生产效能。数据仓库与商业智能（BI）工具则可整合企业内外部多源数据，通过强大的可视化和分析功能，支持数据的多维分析和趋势预测。

2. 数据分析与建模工具

统计分析软件如Excel、SPSS、SAS等，提供丰富的统计分析方法，可用于计算评估指标数值、分析数据关系。机器学习算法库，如Python中的Scikit-learn、TensorFlow等，能用于构建各类预测模型，提高评估的准确性和前瞻性。此外，还有专门用于层次分析法（AHP）计算的软件和在线工具，可帮助快速确定指标权重。

3. 评估模型与方法工具

模糊综合评价法工具包可在编程环境中实现对模糊性指标的量化评估。平衡计分卡模板与工具则从财务、客户、内部流程、学习与成长四个层面，帮助企业搭建全面的评估体系，支持指标设定、权重分配和数据分析等功能。

五、老字号企业智能制造数字化转型中常用软件产品

在智能制造领域，产品生命周期管理（PLM）、制造执行系统（MES）、工业物联网（IIoT）平台、自动导引运输车（AGV）、高级计划与排程（APS）等是老字号企业数字化转型升级的常用软件产品。

（一）产品生命周期管理（PLM）

1. 核心定位

PLM是对产品从概念设计到淘汰报废整个生命周期进行全面管理的系统，核心在于整合产品相关的所有信息和过程，促进跨部门协作，优化产品全生命周期的管理，提升企业竞争力。

2. 主要功能

能集中管理产品全生命周期的数据，保证数据的一致性、完整性和安

全性，如进行图文档管理、零部件分类管理等；还可优化产品开发过程，实现研发过程管理、工程变更控制等，同时支持跨部门协作，为决策提供数据支持。

（二）制造执行系统（MES）

1. 核心定位

MES 是连接企业计划层（如 ERP）与车间生产执行层的桥梁，专注于监控和控制车间生产流程，通过实时数据处理提升生产效率和管理水平。

2. 主要功能

从机器、操作人员等多源实时收集生产数据，包括生产率、设备状态等；能生成生产计划、分配工单，监控生产进度，还可进行质量管理、库存管理、设备管理以及数据分析报告，以优化生产过程和资源利用。

（三）工业物联网（IIoT）平台

1. 核心定位

IIoT 平台是将工业系统与互联网技术深度融合的集成软件平台，核心是实现工业设备、系统、人员等的互联互通，通过数据驱动优化工业运营。

2. 主要功能

连接工业设备并采集数据，进行数据处理与分析，实现设备故障预测、生产优化等；提供设备管理、应用开发支持等功能，促进企业内部及供应链协同，提升工业生产的智能化和效率，增强安全监控和资源优化配置能力。

（四）自动导引运输车（AGV）

1. 核心定位

AGV 是一种自动化物流设备，其软件系统的核心是实现自动导引、路径规划和任务调度等功能，替代人工完成物料运输，提高物流自动化程度。

2. 主要功能

根据生产需求规划最优运输路径，通过多种导引技术准确行驶；接收上层系统任务并合理调度执行，实时监控自身状态并与其他设备系统通信协同，完成物料的自动化运输任务。

（五）高级计划与排程（APS）

1. 核心定位

APS是优化生产计划与排程的管理软件，核心是综合考虑多种约束条件，实现资源高效利用和生产有序进行，提升企业对市场需求的响应能力。

2. 主要功能

结合市场需求预测、生产能力等多源数据制订生产计划和排程，优化资源分配和任务排序；能实时调整计划以应对需求变化和生产约束，帮助企业优化库存管理，提高准时交货率，实现长期战略与短期运营的协调。

第三节　智能制造数字化转型的发展趋势

智能制造数字化转型是新质生产力的重要载体。近年来，制造技术与大数据、云计算、人工智能深度融合，催生了新业态、新模式，推动智能制造迈入新阶段。作为制造强国的主攻方向，智能制造关乎中国在全球制造业的竞争地位，是产业升级的必然趋势。随着算力、网络安全等基础设施的完善，中国制造业将在研发、生产等环节实现自动化、数字化、智能化改造，打造互联互通的智能工厂、智能供应链和智能产业园，推动行业向高端化、智能化、绿色化方向发展。

一、算力显著增长与应用深化

算力的迅猛增长和结构升级正成为推动智能制造数字化转型的关键力量。根据清华大学与国际数据公司共同发布的《2022—2023全球计算力指数评估报告》，制造业已成为全球算力市场中部署水平最高的五大行业之一。这一趋势不仅证实了算力在制造业中的重要性，也反映出制造业对算力资源的深度依赖与广泛应用。未来，算力技术将更深入地融入制造业生产流程，推动传统产业技术升级与创新，引领智能制造数字化转型向更高智能水平迈进。

此外，算力的增强将促进智能制造数字化转型在数据分析、人工智能、机器学习等领域的应用。制造业将借此实现更高效的资源配置、更精准的生产管理、更灵活的供应链响应，以及更个性化的产品定制。

二、高度自动化与智能化生产

智能制造数字化转型将持续重塑传统智能制造格局，在生产方式、管理模式等方面引发深刻变革。

在生产方式上，智能制造数字化转型推动传统大规模批量生产向个性化定制和柔性生产转变。以消费者需求为导向，通过大数据分析和智能算法，快速响应市场变化，满足多样化市场需求与客户个性化需求。例如，市场调研数据显示，未来五年内个性化定制产品的市场份额有望增长30%以上。智能制造数字化转型促使柔性制造模式应运而生并迅速普及。对于制造业而言，柔性制造是企业整体系统组织能力的全面体现。企业需具备柔性物流、柔性控制、柔性调度和柔性生产计划，并在此基础上接受柔性生产的考验，这要求生产线和供应链具备快速反应和高效协同能力。

在管理模式上，通过收集与分析大量数据，运用尖端算法和模型进行精确预测和优化，实现生产流程智能化调整与控制，覆盖从生产制造到管理决策的各个环节，达成全方位智能化升级。数据驱动的决策机制将更加普及，企业能够实时掌握生产过程中的各类信息，精准分析并科学决策，提升管理效率和资源利用率。

三、互联互通与协同合作

随着技术持续进步，智能制造数字化转型的未来发展潜力巨大。

一方面，人工智能、大数据、物联网等技术将不断融合创新，为智能制造数字化转型提供更强大的技术支撑。预计到 2030 年，人工智能在智能制造中的应用将实现跨越式发展，智能决策、智能控制和智能优化将更加精准高效。例如，通过深度学习算法，智能设备能够自主学习和优化生产工艺，提升产品质量和生产效率。

另一方面，工业互联网平台将进一步发展壮大，实现产业链上下游企业的深度协同。在产业链优化过程中，与制造业紧密相关的远程联络中心、客户需求管理系统、区域物流仓库等平台加速建设。各企业也加快信息技术（IT）、通信技术（CT）、控制技术（OT）、数字技术（DT）“4T”融合，推动供应商、经销商、客户服务的数字化变革，使全产业链的优化与协同更加高效，为企业带来新的增长动力和竞争优势。据统计，未来几年工业互联网平台的市场规模将以每年 20% 以上的速度增长。

第四节　老字号智能制造数字化转型案例分析

一、海天味业：从传统酿造到“灯塔工厂”的智能制造数字化转型之路

（一）企业概况

海天味业的历史底蕴深厚，可追溯至 1955 年，于 1995 年获评“中华老字号”。企业专注于调味品领域，经营酱油、蚝油、调味酱、醋、料酒等 15 大品类超 800 种规格的产品，其中酱油连续多年稳坐全国销量头把

交椅。2024年，海天味业营收突破269亿元，强劲的市场竞争力与良好的发展态势展露无遗。多年来，企业始终坚守对传统酿造工艺的传承与创新，在调味品行业占据着举足轻重的地位，成为行业发展的标杆企业。

（二）转型策略和落地动作

海天味业以智能制造数字化为核心，构建起覆盖生产全流程的数字化转型体系，通过一系列创新策略与落地动作，实现从原料处理到仓储物流的智能化升级。

在原料处理自动化方面，引入自动化清洗、蒸煮系统，并融合AI视觉检测技术。AI视觉分选系统利用高分辨率工业相机搭配环形光源，从多角度拍摄输送带上的大豆、小麦，基于深度学习模型对图像进行训练，能精准识别霉变颗粒、石子等杂质，分类精度极高，并通过PLC（可编辑逻辑控制器）控制高压气阀快速剔除不合格原料。自动化蒸煮系统的蒸煮罐配备压力传感器和温控模块，运用算法动态调节蒸汽流量，确保蒸煮均匀。工业相机、边缘计算工控机以及气动分选装置等技术支撑，保障了原料处理的自动化与智能化。

在发酵工艺智能化方面，部署物联网传感器与AI算法，实时监控发酵罐的温度、湿度和pH值等参数。在5000m^3的发酵罐内，耐高温pH传感器、温湿度传感器每30秒采集一次数据，经工业无线网络上传至云端发酵控制平台。AI决策系统构建神经网络模型，预测发酵趋势，动态调整补盐量、搅拌频率等参数，并与SCADA（数据采集与监视控制）系统联动，实现对发酵罐阀门、电机的自动控制，形成"传感器→边缘网关→云平台→执行机构"的实时反馈闭环。

在灌装与包装环节，打造全自动灌装线，配备机器视觉检测，由机器人完成装箱码垛工作。高速灌装线运用质量流量计与伺服电机驱动灌装阀，实现精准定量，视觉定位系统引导机械臂抓取空瓶；智能包装利用线阵相机扫描瓶口密封性，检测铝箔封口瑕疵，机械臂按预设垛型完成装箱，实现整线无人化操作。

在智能仓储物流领域，构建自动化立体仓库，集成 AGV 和 WMS 系统。25 米高的自动化立体仓库配备 12 台堆垛机和 50 台 AGV，ERP 订单数据自动同步至 WMS 系统，系统根据货品流通频率优化储位分配，AGV 通过二维码导航动态规划路径，实现入库自动扫码、机械臂码盘、堆垛机存放，出库 AGV 按订单需求将货品送至分拣区的 24 小时无人化作业。

在质量检测 AI 化方面，搭建基于深度学习的视觉检测系统。收集数万张酱油瓶图像进行标注训练，检测模型准确率极高。在线检测系统部署配备显卡的工控机，实现 60 帧 / 秒的实时检测，检测出的不良品自动分流至返工线，利用 MES 系统记录缺陷类型，迁移学习技术更是大大缩短新品类检测模型的训练周期。

（三）转型成效

生产效率实现显著提升，整体产能大幅增长，人工依赖度大幅降低。原料处理环节处理能力显著增强；灌装速度达到全新高度；仓储效率提升明显，订单分拣错误率大幅下降，出库响应时间大幅缩短。

质量管控成果斐然，产品合格率始终保持高位，市场投诉率处于行业最低水平。智能化检测确保了产品风味的高度一致性，不合格率大幅降低。

成本优化效果突出，年均节省可观的人力与能耗成本。原料处理环节人力成本显著下降，包装损耗率大幅降低。同时，资源利用率显著提高，碳排放强度下降，可持续性发展成果显著。

（四）经验启示

海天味业的转型实践形成四大经验：遵循“感知—分析—决策—执行”的闭环逻辑，实现自动化升级，借助工业物联网打通数据流，结合垂直领域 AI 算法实现精准控制；注重硬件标准化，降低设备集成难度，提高系统兼容性与可扩展性；推进软件平台化，自研数据中台统一管理生产、质量、能耗等数据，打破数据孤岛；强调人才协同，组建由“OT工程师+IT专家+调味品工艺师”构成的跨学科团队，融合多领域专业知识。

二、五芳斋：老字号的数字化涅槃，从传统粽艺到智能领航

（一）企业概况

五芳斋始创于1921年，前身为嘉兴粽子店，是首批“中华老字号”企业。公司以糯米食品为核心业务，主营粽子、月饼、汤圆等节令食品及米面点心。2022年，五芳斋成功上市，并持续推进品牌年轻化战略。2024年前三季度，企业实现营收20.48亿元，净利润2.10亿元，员工总数约4000人。2025年，五芳斋聚焦供应链升级与新品创新，推出有机粽等产品，同时强化全渠道布局，进一步巩固行业领导地位。

（二）转型策略和落地动作

1. 数据驱动研发

口味预测模型应用：通过分析抖音、小红书等平台的120万条用户生成内容（UGC），挖掘消费者口味偏好，成功推出“螺蛳粉粽”“榴莲冰粽”等创新产品。2023年，新品存活率从25%提升至78%，年轻客群购买占比达67%。

C2M反向定制模式：上线“五芳斋智造”小程序，用户可自主选择馅料配比、包装礼盒。定制订单占比从3%提升至22%，单价超200元的产品毛利率达62%。

2. 全域用户运营

会员数据中台搭建：整合门店POS系统、电商平台、企业微信等多渠道数据，构建起包含1200万会员的标签体系，如“节庆送礼型”“健康控糖型”等。精准营销响应率从10%提升至48%。

私域流量激活：通过“五芳斋美食顾问”社群推送节气食谱，并利用

AI推荐产品搭配组合（如粽子+绿豆糕）。会员客单价从98元提升至258元，复购率提高至45%。

3. 供应链数字化

区块链溯源系统构建：为糯米、箬叶等原料赋予追溯码，记录种植周期、加工参数等18项数据。质量问题追溯时间从72小时缩短至1小时，退货率下降65%。

智能分仓网络布局：在长三角、珠三角等区域设立4个分仓，基于历史销售数据进行动态调拨。库存周转天数从90天降至32天，临期产品占比从18%降至3%。

4. 业态创新突破

24小时智能零售柜投放：在高铁站、写字楼等场所部署500台智能零售柜，支持扫码取货、加热即食。非节令期日均销量突破8万份，坪效达到传统门店的3倍。

工业旅游融合发展：嘉兴总部工厂上线AR导览系统，展示非遗裹粽技艺。2023年接待游客超50万人次，衍生品销售额实现大幅增长。

（三）转型成效

效率提升。智能工厂建设使单位人工成本下降42%，年节约生产成本效果明显；动态分仓系统大大减少了库存积压资金，资金周转率提升3.5倍。

业绩增长。线上营收占比从7%提升至35%；非粽类产品收入占比提升至38%。

用户资产增值。会员总数突破1800万，私域用户年消费频次达4.8次；30岁以下消费者占比提升至36%，Z世代客群贡献GMV（商品交易总额）占比达41%。

行业突破。主导制定粽子行业智能制造标准，并将技术输出至5家区域食品企业。

（四）经验启示

五芳斋的转型实践形成四大经验。①非遗赋能品牌价值：智能工厂在实现自动化生产的同时，保留6道手工工序（如箬叶清洗），赋予产品文化内涵。高端礼盒溢价率达300%，非遗技艺查询量超6000万次，非遗文化成为企业核心竞争力。②数据驱动产品创新：通过UGC数据分析，打破对单一产品的依赖。非粽类新品存活率提升212%，中秋月饼线上复购率达58%，数据成为驱动产品创新的关键要素。③场景拓展重塑消费价值：智能零售柜的应用将粽子消费场景从传统节庆拓展至日常，非节令期销量占比提升至27%，实现消费场景的重构与产品价值的延伸。④生态协同提升供应链效率：区块链溯源系统的应用使供应商交货准时率提升至98%，原料采购成本下降15%，通过生态协同实现供应链效率与效益的双重提升。

三、利口福：柔性智能制造引领食品生产新时代

（一）企业概况

广州酒家集团始创于1935年，旗下利口福食品有限公司（简称利口福）是一家大型现代化食品生产企业，2024年获商务部“中华老字号”称号。利口福专注于中秋月饼、广式腊味等八大系列产品生产，凭借卓越品质荣获“中国月饼第一家”等多项荣誉，年产值超20亿元。利口福深度参与多项国家技术标准制定，建立“广东省院士专家企业工作站”，并于2021年通过广东省高新技术企业认定，持续以技术创新推动食品产业升级。

作为食品行业领军者，利口福在传统生产模式向智能化转型中主动探索。通过构建现代化智能工厂，优化生产线自动化水平，逐步实现从传统制造向柔性智能制造的跨越，致力于引领食品制造业迈向全自动化与智能互联的新时代。

（二）转型策略和落地动作

1. 构建个性化定制食品的柔性智能生产系统

工艺分类与柔性规划：运用成组技术对食品进行工艺分类，形成标准化产品族，优化生产组织流程。通过系统化布局设计分析车间作业单元关系，结合物流设备实现柔性转运，并利用仿真软件验证生产线平衡性。

月饼柔性生产线升级。①内包装自动化：内包装自动生产线可根据月饼规格自动调取程序，实现全流程自动化与生产追溯，无需人工转产。②外包装灵活适配：外包装柔性生产线兼容多种包装类型，通过自动识别产品规格、调取程序，实现快速换产。③码垛智能化：全系列月饼纸箱柔性码垛生产线集成封箱、码垛等设备，支持灵活码垛切换和一键换产，并配备故障监测系统，实时动态溯源并提供维修指南。

2. 搭建食品全流程高效生产的物联感知与智能管控系统

工业互联网基础建设：通过智能设备、传感器等对生产设备进行网络化改造，构建工业互联网数据采集体系，打破信息孤岛。

纵向信息集成：打通企业各层级信息壁垒，实现生产流程实时监控、设备状态预警、质量数据追踪等功能，形成以生产数据流为核心的全流程链条。

车间级智能管控：以广式月饼或速冻包点生产为例，设计车间级物联感知架构，利用射频识别技术采集多类型数据，通过工业以太网实现实时传输。车间智能管控系统基于虚拟化技术，协同制造要素，优化资源配置。

3. 打造食品研发生产一体化协同的全生命周期管理平台

围绕产品全生命周期，整合信息技术、项目管理理念与食品科学，构建产品全生命周期管理系统。系统以信息化平台为载体，贯穿产品研发设计各环节，形成统一信息源。①模块化管理升级：从项目进度管理模块出发，逐步扩展原料库、品项开发等管理功能，优化高新模块，实现配方审批电子化、核心流程线上化和开发过程可视化。② PLM 系统深度应用：实现核心业务数据结构化、规范化管理，沉淀研发知识并促进资源复用，加速新品开发进程。

（三）转型成效

柔性生产能力显著提升。通过柔性智能生产系统优化，生产线灵活响应多样化定制需求，生产效率提高 20% 以上，有效解决多品种小批量订单的成本与效率难题。

生产管控透明高效。基于物联感知与智能管控技术，生产异常响应时间缩短 50%，资源利用率提升 15%，实现生产过程透明化、精细化管理。

新品研发加速落地。研发生产一体化协同体系使新品开发周期缩短 30%，成本控制精度提升 25%，显著增强企业市场竞争力。

（四）经验启示

利口福的转型实践形成三大经验。①技术融合驱动模式创新：将成组技术、工业物联网、PLM 系统等技术深度融合，突破传统食品生产的效率瓶颈，为柔性制造提供技术支撑。②全链条协同优化：从生产端的柔性制造、物联管控，到研发端的一体化协同，通过全链条数字化升级实现资源高效整合。③标准化与定制化平衡：在保持产品标准化生产的基础上，通过柔性生产线和模块化管理实现定制化需求的快速响应，为传统食品企业转型提供可复制经验。

第六章　营销数字化转型

第一节　营销数字化转型概述

一、营销数字化转型的内涵

营销数字化转型，是指借助行业领先且成熟的营销数字化方案与实践，助力企业对传统营销模式进行全面改造与优化。其核心在于升级经营思维、提升营销效率、增强市场竞争力，并建立以客户为中心的组织结构。这一转型过程贯穿市场调研、产品定位、品牌宣传、渠道管理、客户关系管理等营销全链条的数字化转型升级，推动企业在激烈的市场竞争中实现高效运作与持续增长。

对于老字号而言，营销数字化转型是在继承传统文化和品牌价值的基础上，借助数字技术实现业务模式和运营流程的全面升级。通过营销数字化转型手段，老字号能够更精准地洞察市场需求，提升生产和服务效率，加强与消费者的互动，进而推动品牌实现年轻化、国际化和智能化发展。

二、营销数字化转型的价值

营销数字化转型的核心价值在于助力企业精准捕捉消费者行为演变与市场趋势，从而大幅提升决策效率与市场响应速度。在传统营销模式下，数据采集与分析多依赖人工操作和阶段性调查，不仅效率低下，且难以实时反映瞬息万变的市场动态。相较而言，营销数字化转型依托自动化工具与大数据分析，能够实时获取并处理海量数据，为企业提供精准的市场洞察。营销数字化转型的主要价值体现在以下四个方面。

（一）适应市场变化

伴随数字技术的迅猛发展，消费者行为与信息获取方式发生深刻变革。营销数字化转型使企业能够快速响应这些变化，通过数字化手段精准触达目标消费者，满足其个性化需求。

当前，消费者行为呈现出以下特征：①消费倾向于高性价比、实用性强的商品，基础需求与高端消费并存，非必需品支出有所收缩。②线下渠道流量与客单价下滑，但一些品牌会员店凭借高品质与优质体验吸引消费者，便利店、药店等即时消费场景呈现回暖态势；线上销售规模快速增长，老年群体线上购物习惯逐步养成。③社交平台与短视频成为影响品牌决策的重要渠道，消费者习惯通过社交网络对比信息后再做决策。④健康、环保产品需求攀升，个性化与体验消费需求持续增长，品牌商需提供定制化服务以匹配消费者多样化需求。

面对这些变化，品牌商必须在产品研发、品牌宣传、产品定价、渠道布局及消费者连接等环节，及时捕捉消费者行为转变。然而，传统市场调研方式，如问卷调查、电话访谈、店内顾客观察、小范围产品试用反馈收集、售后服务与投诉记录分析、促销活动效果评估、第三方研究报告采购及广告投放效果评估等，部分已失效，部分效率低下。例如，问卷调查、电话访谈与店内观察常因样本量不足、缺乏代表性，导致数据真实性存疑。营销数字化转型成为破局的关键，其在信息处理方式上实现三大突破。①多渠道、多场景信息整合分析：整合传统销售数据、顾客反馈，以及社交媒体互动、用户浏览行为、点击率、搜索趋势等信息，通过多维度数据融合，帮助品牌商全面把握消费者需求变化，及时调整市场策略。

②实时、自动化数据获取：数字化工具可自动、全天候从各渠道、平台采集数据，打破传统阶段性数据收集的局限。企业无需依赖年度或季度报告，通过每日更新的数据，即可获取即时市场洞察，确保决策的时效性。③智能化信息处理与决策支持：借助大数据分析、人工智能和机器学习技术，自动分析海量数据，挖掘潜在消费趋势与行为模式，并生成决策建议。企业可据此优化广告投放、产品推荐、定价策略等，提升营销精准度与效果。

（二）提高市场竞争力

营销数字化转型助力企业精准洞察市场需求与竞争态势，制定更具针对性的营销策略，进而提升市场竞争力、扩大市场份额。企业可借助数字化手段，获取热门商品趋势、季节性需求变化、竞品定价、促销活动、广告策略、市场反馈，以及消费者对自身产品与竞品的评价等海量市场数据。同时，整合电商平台、旗舰店、商超、经销商、社交媒体、直播、短视频等多渠道数据，涵盖销售数据、客服服务数据和消费者评价数据。

基于数据分析，企业能够更及时、精准地制定营销策略：分层次向客户推荐相似商品、关联商品；实时调整商品价格，开展个性化促销活动；依据用户兴趣定向投放广告、推送内容；针对会员进行个性化营销等。借助营销自动化工具或客户关系管理（CRM）系统，高效执行营销策略，帮助企业抢占更多市场份额。

（三）增强客户体验与黏性

营销数字化转型为客户提供更个性化、便捷、高效的服务。通过直播、短视频、社群等社交媒体，以及电子邮件营销、AI 客服等渠道，企业与客户实现更紧密的互动，有效提升客户满意度、黏性与忠诚度。

利用数据分析技术，企业基于客户浏览历史、交易记录、点击行为、评论与投诉等数据，进行精准分析，可以提供高度个性化的服务，具体体现在：①发送个性化电子邮件，推送定制化内容；②根据用户行为动态调整网站内容与布局；③开展个性化广告投放，提升广告转化率与客户购买意愿；④基于客户群体细分，进行定向营销，如提供个性化购物车推荐、特定群体会员折扣、针对性互动等，让客户感受到专属关怀。

营销数字化转型重塑了企业与客户的关系，推动市场营销向个性化、智能化、高效化方向发展，帮助企业更好地连接客户、满足客户需求。

（四）促进业务模式创新

营销数字化转型为企业探索新业务模式、开辟新收入来源提供了机遇，典型创新模式如下。

订阅经济：消费者通过定期付费获取一定期限内的产品或服务，企业从一次性商品销售转向持续性服务订阅，构建长期客户关系。如小说阅读、视频观看、音乐收听、在线课程学习，以及牛奶配送、咖啡订阅、宠物食品订购、美容健身服务订阅、汽车租赁等。企业端的服务器带宽租用、SaaS 软件订阅、平台接口服务等也属于此范畴。订阅经济依赖大数据构建用户画像，借助人工智能实现个性化推荐，依托云计算提供软件服务，通过电子支付完成交易，并利用物联网与智能设备实现软件更新和设备维护。

共享经济：以数字技术为支撑，通过互联网平台优化配置物品、空间、服务、技能等资源，有偿转让使用权，实现资源高效利用与价值最大化，减少资源浪费。共享单车、网约车、民宿短租、共享办公空间、共享充电宝、共享雨伞，以及云课堂、众包平台、零工平台等均是共享经济的典型应用。

S2B2C（生产企业—经销商—消费者）模式：依托互联网、数字技术与 AI 识别技术，构建生产企业、经销商、门店与消费者的互联互通协同系统，实现生态价值最大化。经销商可通过系统向生产企业采购结算，门店向区域经销商要货结算；生产企业可向经销商、门店发起营销活动，也可直接面向消费者开展活动，各方按规则分配利益；经销商同样可向门店或周边消费者发起活动，实现利益共享。

（五）提升营销效率，降低营销成本

营销数字化转型为企业提供高效营销方案，显著降低成本、提升效率，具体体现如下。

搜索引擎优化工具：提升网站排名，减少对付费广告的依赖，实现精准点击付费广告投放，降低获客成本。

社交媒体管理工具：支持多渠道自动发布内容与精准广告投放，减少推广与获客支出。

自动化营销工具：实现个性化内容推送，降低印刷与人力成本。

实时数据采集与分析技术：减少市场调研与数据分析成本，助力企业做出更精准的决策。

第二节　老字号营销数字化转型概述

一、老字号营销数字化转型的特征

老字号在营销数字化转型方面具有自身独有的特征，包括深厚品牌文化内涵沉淀、老客户维系与新客户拓展并行、传统经营与现代营销相结合、注重产品品质与数字化营销体验融合等。

（一）深厚品牌文化内涵沉淀

一是强化文化传播。老字号拥有悠久历史和深厚文化底蕴，在营销数字化转型中，十分注重通过短视频、直播、社交媒体等各类数字渠道，深度讲述品牌故事，展示传统工艺，传播独特文化。例如，瑞蚨祥在抖音平台发布关于传统绸缎制作工艺的系列短视频，吸引大量用户关注，让品牌文化得以更广泛传播。

二是文化元素融合创新。老字号在营销数字化转型时可将品牌文化元素融入营销内容与产品设计中。例如，王星记结合现代设计理念，推出带有传统扇面绘画元素的文创产品，并通过线上电商平台和社交媒体进行推广，既传承了品牌文化，又满足了现代消费者对个性化、文化性产品的需求。

（二）老客户维系与新客户拓展并行

在维系老客户忠诚度方面，老字号可利用会员系统、私域流量运营等营销数字化转型手段，为老客户提供专属服务和优惠，加强与老客户的互动和联系。例如，稻香村通过微信小程序建立会员体系，老会员可享受积分兑换、生日优惠、新品优先购买等特权，增强了老客户的黏性和忠诚度。

在吸引年轻新客户方面，老字号可借助社交媒体营销、网红合作、跨界联名等营销数字化转型工具，吸引年轻消费群体。例如，大白兔与美妆品牌合作推出联名唇膏，通过社交媒体的广泛传播，成功吸引众多年轻消费者关注，拓展了客户群体。

（三）传统经营与现代营销相结合

首先是稳固传统营销根基。老字号在长期发展中积累了丰富的传统营销经验和渠道，在营销数字化转型过程中，依然重视线下门店的品牌展示、口碑营销等传统营销方式的运用。例如，全聚德的线下门店依然是展示品牌形象和产品特色的重要窗口，通过优质的服务和产品体验，吸引消费者并形成口碑传播。

其次要积极拥抱数字化营销。老字号应积极引入搜索引擎营销、内容营销、营销自动化等营销数字化转型手段，提升营销效率和效果。例如，同仁堂通过搜索引擎广告和优化，提高品牌和产品在搜索引擎中的曝光度，吸引了更多潜在客户；利用内容营销，在官方网站和社交媒体上发布中医药养生知识，树立了专业品牌形象。

（四）注重产品品质与数字化营销体验融合

坚守产品品质方面。老字号向来以产品品质过硬著称，在营销数字化转型中，始终将产品品质放在首位，确保传统工艺和产品质量不受影响。例如，片仔癀严格把控原材料采购和生产工艺，保证产品品质的稳定性和可靠性。

提升数字化体验方面。老字号通过营销数字化转型技术，提升消费者在购买、使用产品过程中的体验。例如，一些老字号中药企业开发线上问诊和药品配送服务，消费者可通过线上平台与医生沟通，购买药品后享受送货上门服务，既方便了消费者，又提升了品牌的服务水平和竞争力。

二、老字号营销数字化转型面临的主要挑战

由于老字号具有自身特点，在推进营销数字化转型过程中也面临着特有的挑战和困难，主要包括以下三个方面。

（一）数字技术与老字号业务融合难

目标理解偏差：技术与业务团队对老字号营销数字化转型目标的理解往往会存在偏差，导致转型缺乏连贯性。技术团队常聚焦工具的先进性，而业务部门更关注短期投资回报率。例如，部分传统企业将营销数字化转型简单等同于信息系统升级，而非战略重构，致使转型战略易受短期业务波动影响，出现“规划宏大但落地碎片化”的现象。据白酒行业老字号案例显示，超60%的企业因缺乏长期技术迭代规划，导致系统重复建设。

协同落地困难：技术团队若未深入理解业务场景（如终端促销规则、经销商压货习惯等），开发的功能可能无法解决核心痛点。当技术团队将业务需求简化为“标准化流程”，往往会忽略渠道的复杂性和人为决策惯性。这使得业务部门抱怨“技术部门不懂一线”，技术部门则指责“业务需求不清晰”。此外，存在营销团队因技术系统难用而自行采购第三方

工具的情况，这会导致数据分散在多个系统中，从而降低工作效率。若技术团队未与营销团队协作建立数据反馈闭环，老字号企业将错失市场机会。

（二）数据管理治理与深度利用难

数据收集阶段：若业务部门对关键数据需求定义不清，会导致数据采集维度缺失（如促销活动与库存关联性未被量化），且存在数据质量差（如缺失、重复、错误）的问题。线上线下多渠道（如客户关系管理系统、电商平台、物联网设备）存在数据割裂现象；消费者行为数据（如社交媒体互动）受平台壁垒限制，难以形成完整的用户画像。同时，老字号企业必须严格遵守《中华人民共和国个人信息保护法》对数据采集范围和用户授权的要求，否则易因脱敏不足或授权缺失面临处罚。

数据整合阶段：在营销数字化转型过程中，有的老字号企业由于未建立统一的数据分类清洗标准，部门间数据口径不统一，不同软件系统技术架构不兼容，导致数据无法互通共享。

（三）对营销数字化转型存在认知误区

忽视持续性需求：老字号营销数字化转型是一个持续的过程，需要企业不断投入和优化。这种持续性源于行业特性、技术迭代和市场竞争的动态需求。若将其视为短时间内即可完成的任务，往往难以达到预期效果。

难以适应市场与技术的快速变化：市场环境和消费者行为不断变化，要求老字号在营销数字化转型中持续投入和优化。以快消品市场为例，消费者偏好、渠道演变和技术工具始终处于快速迭代状态。同时，技术的升级也对老字号营销数字化转型提出了持续投入的要求。早期基于静态标签的消费者画像已无法满足需求，需引入实时行为分析和预测模型；而一次性投入建设的技术系统，可能因底层架构落后，无法兼容新技术。

三、老字号营销数字化转型的主要内容

（一）利用数据驱动营销方案落地

在营销数字化转型时代，企业借助大数据、人工智能等先进技术，能够实时、精准地收集、分析和利用客户数据。这些数据不仅来源于线上平台，还涵盖线下触点，通过全渠道整合形成庞大且丰富的客户数据池。企业通过挖掘海量数据中的潜在价值，实现精准营销、个性化服务，进而优化销售渠道。

企业通过营销数字化转型技术每日收集大量客户数据，目标是将数据转化为企业价值，建立“数据—洞察—行动—反馈”的闭环，最大限度地利用数据，为消费者提供精准营销和个性化服务，使其感受到企业的贴心关怀。企业首先需进行数据治理，构建企业级客户数据平台，对数据进行清洗并建立标签体系，同时做好隐私处理。随后，通过模型建立客户分群策略，运用算法实现行为预测和需求洞察，生成动态内容。根据用户需求的生命周期管理，结合不同场景，将个性化服务通过全渠道推送给消费者。消费者的反馈数据再加入 CDP（客户数据平台），形成完整闭环。

企业完成全渠道整合后，通过客户关系管理系统每日收集大量订单、销售、库存、费用数据。通过数据分析，企业可及时跟踪各渠道的销售进度、铺货、动销、滞销、退货等情况，以天为单位改进执行方法，提升各渠道的销量和效率。依据各渠道的费用销量比、费用利润比，优化不同渠道的资源分配，从而提升企业整体销售能力。

（二）营销自动化与个性化设计

当前市场呈现需求多样化、流量分化、渠道碎片化、竞争白热化、品牌老化等特点。企业需“抢”市场、客户和渠道，“拼”品牌认知、质价比和便捷性。如何让准确的品牌信息、产品信息、价格信息、活动信息及

时触达消费者在不同场景下的可触达点，促使其及时购买？引入营销自动化工具，实现全方位、全场景、自动化的消费者触达，如电子邮件营销、AI客服、个性化推荐、程序化广告等，可有效提升营销活动的效率和效果。其中，AI客服系统基于自然语言处理、机器学习和深度学习等技术，结合企业和用户知识库，实现7×24小时全天候服务，响应及时且能识别客户情绪。电商平台的在线客服、银行智能电话客服、电信智能客服、预约挂号和健康咨询、在线学习辅导、政策咨询、娱乐内容推荐等场景已广泛应用AI客服。品牌企业可参考大量企业应用案例，构建自己的AI客服系统，优化客户体验。个性化推荐系统基于用户行为、兴趣和场景数据，通过智能算法为用户提供定制化信息筛选服务，是连接消费者的关键系统之一。它不仅起到宣传企业和品牌的作用，还能提升用户体验和成交转化效率。例如，电商平台根据用户购物车商品推荐相似款，视频平台根据观看记录推荐剧集，新闻APP按阅读偏好推送内容。该系统在电商、内容媒体、短视频、新闻资讯、社区与社群、音乐与阅读、本地生活、外卖平台、旅游平台等场景均有广泛应用。

（三）营销内容多维度创新

创新的内容生成工具为营销内容创新提供了强大支持。一键网页内容生成器基于人工智能技术，能够根据用户输入的关键词、主题或框架，快速生成文章、产品描述、博客内容、SEO（搜索引擎优化）文本等各种形式的网页内容。专业化的AI文章生成器只需用户输入简短描述或关键词，即可生成结构完整、逻辑清晰的文章，无论是新闻报道、产品介绍还是学术论文，都能极大节省创作时间。专业化的AI视频生成平台则利用虚拟人物创建个性化视频内容。用户通过上传简短自拍视频生成AI化身，并借助文本输入快速生成视频。平台采用独特的动态面部表情引擎技术，增强视频的情感表现，简化内容创作流程，为用户提供新型个性化视频内容制作体验。此外，通用AI生成工具如ChatGPT、DeepSeek、

Kimi 等可用于生成文本；图像生成工具如 MidJourney 可支持图像创作；RunwayML、Vidu 可支持高自由度视频创作；Synthesia、HeyGen 可快速生成专业数字人视频；Pictory、即梦 AI 则能高效处理短视频优化。

在内容传播方式上，老字号营销数字化转型手段也带来了创新。应用 AR/VR 技术可打造虚拟试妆、产品溯源等交互场景，如美妆品牌的 AR 试色、食品包装扫码查看生产过程等。例如，伊利曾推出 AR 扫码游戏，消费者通过产品包装参与线上互动，分享率提升了 45%。直播与短视频的深度应用也越来越普及，品牌可通过构建自播矩阵，以 KOC（关键意见消费者）探店、工厂溯源直播等内容形式增强互动与信任感。例如，某洗护品牌通过抖音 24 小时工厂直播，实时展示生产质检流程，单场观看人数突破千万。

四、老字号营销数字化转型实施规划

（一）老字号营销数字化转型实施架构

老字号营销数字化转型时，应首先确立转型目标，然后结合转型目标规划系统架构；在规划系统架构时，需充分考虑当前主要业务与未来发展方向，兼顾市场传播、产品销售与创新，平衡消费者体验和渠道建设，融合老字号文化与技术进步。

老字号营销数字化转型的重点在于管理客户关系，增强与客户的互动，维护客户满意度与忠诚度；建立动态客户标签体系，支撑个性化推荐和定向营销活动；整合所有销售渠道，集成订单、销售、库存、活动等数据，实现渠道协同，提升客户体验和整体销量，进而构建老字号营销数字化转型实施架构（见图 6.1）。

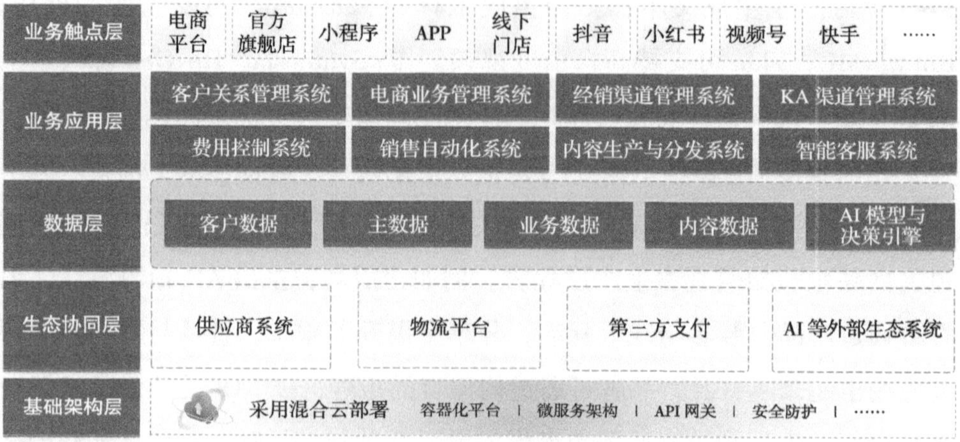

图 6.1 老字号营销数字化转型实施架构

业务触点层：对接线上线下渠道，主要包括电商平台、官方旗舰店、小程序、APP、线下门店、智能终端；对接主流媒体渠道，如抖音、小红书、视频号、快手；对接私域和会员平台，如微信、微博。

业务应用层：围绕客户管理、业务运营、内容服务等领域构建，形成清晰的功能体系，涵盖客户关系管理系统、电商业务管理系统、经销渠道管理系统、KA 渠道管理系统、费用控制系统、销售自动化系统、内容生产与分发系统、智能客服系统等。

数据层：包含客户数据、主数据、业务数据、内容数据、AI 模型与决策引擎。

生态协同层：构建与外部合作伙伴、供应商、客户等各类生态参与者之间的协同关系和交互机制，以实现资源共享、优势互补，共同创造价值，推动整个生态系统的良性发展。

基础架构层：采用混合云部署模式，包括容器化平台、微服务架构、API 网关和安全防护等。

（二）构建老字号营销数字化转型的客户数据平台（CDP）

为有效推进老字号营销数字化转型，需构建客户数据平台（CDP），整合多渠道客户数据，实现数据的集中存储、管理和分析，为转型实施奠定基础。生产企业常面临线上电商、线下门店、社交媒体等多渠道数据割裂问题。CDP 能够统一整合分散的公域（如广告投放）、私域（如小程序、APP）、交易（订单数据）和行为（浏览、点击）等全渠道数据，形成标准化视图，消除信息孤岛。CDP 整合的主要数据类型、数据内容及主要应用场景如表 6.1 所示。

表 6.1　CDP 整合的主要数据情况

数据类型	数据内容	主要应用场景
交易数据	订单金额、购买频次、SKU（库存保有单位）偏好、支付方式等	客户分群、复购预测、促销效果评估
行为数据	浏览路径、页面停留时长、广告点击、加购 / 收藏行为等	用户兴趣挖掘、个性化推荐策略优化
社交互动数据	社交媒体评论、点赞、分享、客服对话记录等	舆情分析、口碑营销、用户情感洞察
人口属性数据	年龄、性别、地域、职业、收入水平等	目标市场细分、产品线差异化定位
设备与位置数据	设备类型（移动端 / PC 端）、地理位置、线下门店到访记录等	渠道偏好分析、区域化营销策略制定
第三方数据	电商平台评分、人群标签（如“母婴人群”）、外部调研数据等	补充用户画像、跨平台投放策略校准

1. 客户数据平台的价值

解决数据孤岛问题：实现全域用户数据整合，例如 CDP 可支持全渠道用户 ID 关联，打通电商、门店、媒体等场景数据。

支持精准营销与个性化服务：通过动态标签体系（如“高频购买者”“价格敏感型”）和实时行为分析，支撑精细化分群与场景化触达。如某饮料品牌基于 CDP 分析用户偏好，定向推送低糖产品内容，转化率提升30%。

协同优化运营效率与成本：与其他系统协同使用，例如某老字号企业基于CDP，结合营销自动化实现全链路提效，自动触发优惠券发放、流失用户召回等策略，节省70%基础运营成本。

2. 客户数据平台的主要功能模块

数据整合模块：支持跨渠道数据采集，实现线上线下全渠道数据接入（官网、小程序、POS系统、电商平台等），实时捕获消费者行为轨迹；进行数据清洗与ID融合，通过算法识别客户身份，关联同一用户在不同触点的匿名/实名数据；按数据类型内嵌数据质量校验规则。

分析建模模块：构建动态标签体系，支持规则类标签（如"30天内复购3次"）与预测类标签（如"流失概率模型"）实现千万级数据秒级生成；具备标签生命周期管理功能，避免冗余标签影响决策；通过智能分群与洞察，基于RFM（Recency，最近一次消费时间；Frequency，消费频率；Monetary，消费金额）模型、聚类算法实现客群分层（如高价值客户、价格敏感群体），并内置行业分析模板（如促销响应率预测、区域消费偏好对比）。

业务应用模块：打造营销策略中心，支持A/B测试、优惠券精准投放、个性化推荐（如关联购买商品组合）；与业务数据管理平台（DMP）和营销自动化（MA）系统对接，实现广告投放效果回流闭环。

五、老字号营销数字化转型的成效评估

评价老字号营销数字化转型成效是一个多维度、系统化的过程，涉及多个关键指标。我们可以采用第二章所述的埃森哲、IDC、DCMM、国家推荐标准等评估方法，衡量营销数字化转型的效果与成绩。此外，针对老字号营销数字化转型，还有一些特色评估方式，如图6.2所示。

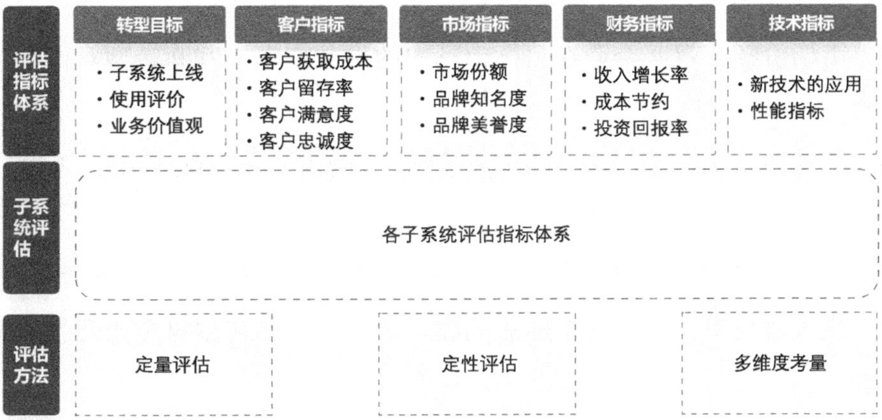

图 6.2　老字号营销数字化转型成效的特色评估方式

（一）评估指标体系

1. 转型目标

子系统上线：依据转型目标规划，评估各阶段子系统是否按计划完成部署。

使用评价：由业务部门对已上线子系统的使用满意度进行评估。

业务价值实现：评估子系统对业务价值的实际支持程度。

2. 客户指标

客户获取成本：分析转型后企业新增客户数量，评估获取新客户的成本是否降低。

客户留存率：统计现有客户在转型后的留存情况，留存率越高，表明转型效果越显著。

客户满意度：通过调研问卷、客户反馈等方式，了解客户对转型后服务的满意程度。

客户忠诚度：通过调研问卷、客户反馈等方式，了解客户对企业品牌的忠诚情况变化。

3. 市场指标

市场份额：观察企业在目标市场中的份额变动，判断转型对市场竞争力的提升作用。

品牌知名度：评估转型后企业品牌在市场中的被知晓程度是否提升。

品牌美誉度：评估转型后企业品牌在市场中获得的赞誉程度是否提高。

4. 财务指标

收入增长率：对比转型前后的收入数据，评估转型对企业营收的增长贡献。

成本节约：分析转型在营销成本、运营成本等方面的节约情况。

投资回报率：计算老字号营销数字化转型项目的投资回报率，评估项目的财务可行性与收益水平。

5. 技术指标

新技术的应用：评估在转型过程中，新技术如人工智能、大数据分析等在营销活动中的应用情况，包括应用的广度和深度。

性能指标：考察相关技术系统的性能表现，如系统响应时间、数据处理速度、稳定性等，确保技术系统能够支撑营销数字化转型的业务需求。

（二）评估方法

1. 定量评估

通过客户获取成本、收入增长率、市场份额占比变化等具体数据指标，量化呈现转型效果。例如分析客户获取成本在转型前后的具体数值差异，用收入增长率的具体百分比数值衡量营收增长情况，以市场份额占比的增减体现市场竞争力变化等。

2. 定性评估

通过客户反馈、市场调研、内部访谈等方式，收集定性信息，深入分析转型对企业的综合影响。比如从客户反馈中了解其对品牌形象变化的感知，通过市场调研收集行业专家对企业转型后品牌定位的看法，借助内部访谈知晓员工对转型过程中团队协作变化的感受等。

3. 多维度考量

从客户、市场、财务、运营、技术等多个维度进行综合评估，确保评价结果全面、客观。在评估时，将各个维度的指标相互关联分析，避免单一维度评价的片面性，例如结合客户指标和市场指标分析品牌影响力提升对客户获取和留存的作用，关联财务指标与运营指标评估成本节约对业务流程优化的效果等。

六、数字技术在老字号企业营销数字化转型中的应用价值

一些通用的数字技术在老字号企业营销数字化转型中呈现出特色表现，具体如下。

（一）大数据与人工智能技术应用

大数据与人工智能技术在老字号企业的营销和产品研发环节具有显著价值。

精准广告投放：通过深入的数据分析和精准的用户行为预测，能将广告精准推送至潜在客户，有效提升转化率和营销效果。例如，同仁堂借助对消费者年龄、地域、购买记录、健康状况等大数据的分析，运用人工智能算法精准定位广告受众。针对中老年人投放养生保健产品广告，针对年轻上班族推送缓解疲劳的中药产品广告，大幅提高了广告转化率。

产品创新研发：结合市场需求、技术发展趋势和创新思维，可开发出更具竞争力的新产品，推动企业持续发展。例如，全聚德利用大数据剖析消费者对菜品口味、食材搭配、用餐环境等方面的反馈与偏好，借助人工智能技术开展菜品创新。在洞察到消费者对低糖、低脂食品需求上升后，及时研发出相应的烤鸭配菜或改良菜品。

（二）云计算技术应用

云计算技术在老字号企业的促销活动支持和多门店数据管理方面发挥

着重要作用。

促销活动支持：各类促销策略的策划与执行，有助于品牌吸引顾客、提升销量并增强市场影响力。例如，在节假日或店庆等促销节点，瑞蚨祥会迎来大量线上订单和流量。借助云计算的弹性计算功能，可依据实时流量动态调配服务器资源，保障线上商城稳定运行，避免卡顿或崩溃，确保顾客拥有顺畅的购物体验。

多门店数据管理：通过集中整合各门店的运营数据，实现实时监控、分析与优化，从而提升整体经营效率。以拥有众多门店的稻香村为例，云计算提供统一的数据存储和管理平台，各门店可实时上传销售、库存等数据，总部能随时获取并分析这些数据，以便进行统一的运营管理和决策。

（三）社交媒体技术应用

社交媒体技术在老字号企业营销数字化转型中的应用主要体现在话题营销与互动以及口碑管理与危机公关两方面。

话题营销与互动：通过打造引人关注的热点话题，激发用户参与讨论，增强品牌与消费者之间的互动和黏性。例如，王老吉在社交媒体上发起“夏日畅饮王老吉创意喝法”等话题挑战，鼓励用户分享创意喝法，借助用户生成内容提升品牌话题度和用户黏性，引发了大量用户参与和传播。

口碑管理与危机公关：通过实时监控舆论动态，积极回应负面事件，保护品牌形象并维护公众信任。例如，狗不理等老字号利用社交媒体监测工具，实时收集消费者评价和反馈。一旦出现负面评价或危机事件，能及时察觉并妥善回应处理，维护品牌形象。

（四）VR/AR（虚拟现实/增强现实）技术应用

VR/AR 技术在老字号企业营销数字化转型中的应用主要涵盖文化体验与品牌故事展示以及产品虚拟展示与试穿试用两个层面。

文化体验与品牌故事展示：通过生动呈现品牌历史、价值观和文化背景，增强消费者的情感共鸣和品牌认同感。例如，内联升运用VR技术打造品牌历史博物馆的虚拟场景，用户借助VR设备可身临其境地参观内联升的发展历程、传统制鞋工艺等，深入了解品牌文化和故事。

产品虚拟展示与试穿试用：借助AR技术，可让消费者在线体验产品效果，提升购物决策的便捷性和满意度。例如，美加净推出AR试妆应用，用户通过手机摄像头扫描面部，利用AR技术虚拟试用口红、面霜等产品，直观感受使用效果，进而提高购买意愿。

（五）移动互联网与二维码技术应用

移动支付的普及促使众多企业启用移动支付，并搭建会员系统开展精准营销，同时通过产品溯源提升品牌形象。

移动支付与会员管理：借助便捷的支付方式和个性化的会员服务，提升顾客体验，增强品牌忠诚度。例如，东来顺在门店全面支持微信、支付宝等移动支付方式，消费者结账更便捷。同时，通过移动应用或小程序构建会员体系，消费者可在线注册、查询积分、领取优惠券，企业则可依据会员数据实施精准营销和个性化服务。

产品溯源与营销推广：通过透明化的供应链信息展示，提升消费者信任度，结合有效的推广手段扩大品牌影响力。例如，茅台在产品包装上设置二维码，消费者扫码可获取生产批次、原料来源、酿造工艺、真伪验证等信息。此外，还可参与扫码抽奖、积分兑换等营销活动，增加参与度和对产品的信任。

七、老字号企业营销数字化转型中常用软件产品

（一）营销自动化系统（MAS）

1. 系统功能

营销自动化系统通过整合客户数据、行为分析及多渠道触达能力，实现从线索获取到转化全流程的自动化管理。其核心价值在于降低人工成

本、提升营销精准度、增强客户生命周期管理能力。营销自动化系统的整体架构包括多渠道整合、流程设计与自动化、营销活动管理等内容，可参考图 6.3 的样例架构。

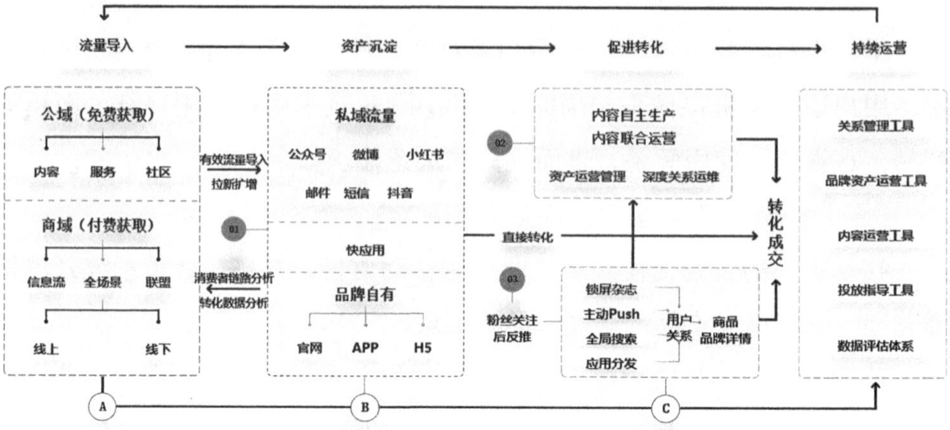

图 6.3　营销自动化系统架构示例

多渠道整合：可集成邮件、短信、社交媒体、网站、移动应用等多个营销渠道，确保企业能在不同平台上与客户进行无缝沟通。例如，企业可通过该系统在社交媒体发布广告，同时向潜在客户发送短信和邮件，引导其访问企业网站。

流程设计与自动化：支持企业以可视化方式设计复杂的营销流程。依据客户行为和属性，自动触发不同营销活动。如新用户注册后，系统自动发送欢迎邮件介绍产品或服务；用户一段时间未购买，自动发送召回邮件并提供优惠折扣。

营销活动管理：从活动策划、执行到评估，全程进行管理。企业可在系统中设置活动目标、预算、时间节点等，系统自动分配资源、执行任务，并实时监测点击率、转化率等活动效果指标。

2. 应用价值

提升营销效率：自动化处理繁琐营销任务，减少人工操作，节省时间和人力成本，使营销人员能将更多精力投入策略制定和创意构思，提高整体营销效率。

增强客户体验：基于客户数据和行为，为客户提供个性化、精准的营销内容和服务，在合适时间通过合适渠道与客户沟通，提升客户参与度和满意度，强化客户与品牌的关系。

提高营销效果：通过精准的客户定位和个性化营销，提高营销信息的命中率，进而提升营销活动的转化率和投资回报率，助力企业实现更好的业务增长。

（二）营销费用管理（TPM）系统

1. 系统功能

营销费用管理系统具备预算管理、费用报销管理等功能模块，并与ERP、OA等系统集成，整体系统间关系如图6.4所示。

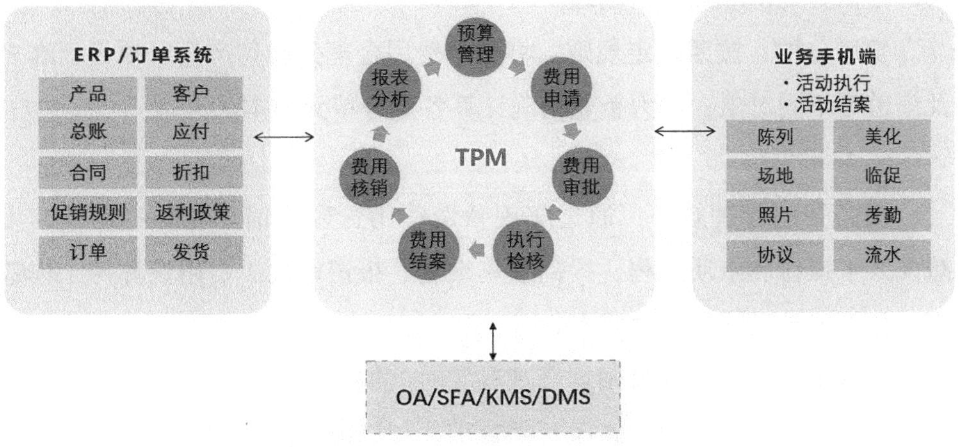

图6.4　营销费用管理系统架构

（1）预算管理。

预算编制：依据年度营销计划，灵活按项目、部门、渠道及时间段等维度，精细分配营销费用预算，使资源规划更契合实际业务需求。

预算调整：当市场环境变化或营销计划调整时，可便捷调整预算，并详细记录调整过程，便于后续追溯与分析。

预算预警：系统实时监控费用支出，一旦费用接近或超出预算设定阈值，立即自动发出预警，有效避免超支情况。

（2）费用报销管理。

报销申请：员工通过系统在线提交报销申请，上传发票等相关附件，准确填写报销事由、金额等关键信息，实现报销流程线上化。

审批流程：依据预先设定的审批流程，系统自动将报销申请推送给审批人，审批人可在线查看详情并完成审批操作，大幅提高审批效率。

报销支付：报销申请审批通过后，系统无缝对接财务支付系统，自动完成报销款项支付，并及时记录支付信息与状态。

（3）费用核算与分摊。

费用核算：精准统计各类营销费用，严格按会计科目进行分类整理，为财务核算提供准确数据基础。

费用分摊：按照既定规则，将营销费用合理分摊到产品、项目、客户及渠道等不同对象，助力企业精确计算各业务单元成本。

2. 应用价值

提高费用管理效率：通过实现营销费用管理的信息化和自动化，可减少人工操作和纸质流程，提高预算编制、报销审批、费用核算等工作效率，从而节省时间和人力成本。

加强费用控制：通过预算管理和实时监控，企业能有效控制营销费用支出，避免超支和浪费，确保营销费用在预算范围内合理使用，提高费用使用效益。

提升财务准确性：规范营销费用的核算和报销流程，确保费用数据的准确性和完整性，为财务报表编制提供可靠依据，降低财务风险。

（三）销售能力自动化（SFA）系统

1. 系统功能

销售能力自动化系统是一种用于帮助企业管理销售流程和提高销售效率的软件系统，其主要功能包括以下几个方面。

（1）客户管理。

客户信息集中存储：可以将客户的各种信息，如基本资料、联系方式、购买历史、偏好等集中存储在一个数据库中，方便销售人员随时查询和更新，全面了解客户情况。

客户分类与分级：根据客户的价值、购买潜力、行业等因素对客户进行分类和分级，以便销售人员能够有针对性地制定销售策略，优先跟进高价值客户。

（2）销售流程管理。

销售机会跟踪：记录销售机会的来源、阶段、预计成交时间等信息，帮助销售人员及时了解每个销售机会的进展情况，避免遗漏重要商机。

销售阶段推进：按照预设的销售流程，引导销售人员逐步推进销售机会，从潜在客户开发到最终成交，确保每个环节都得到妥善处理。

任务与活动管理：允许销售人员设置和安排与销售相关的任务和活动，如电话跟进、拜访预约、提案演示等，并设置提醒功能，确保按时完成各项工作。

（3）销售预测。

数据驱动的预测：基于历史销售数据、市场趋势、客户需求等因素，运用数据分析模型，为企业提供准确的销售预测。

销售目标设定与分解：帮助企业设定合理的销售目标，并将目标分解到各个销售团队和个人，以明确工作方向和重点。

（4）产品管理。

产品信息管理：存储和管理公司产品的详细信息，包括产品规格、价格、优势、使用案例等，方便销售人员随时获取，向客户进行准确的产品介绍。

产品配置与推荐：根据客户的需求和特点，帮助销售人员快速配置合适的产品组合，并提供推荐方案，提高销售效率和准确性。

（5）报价管理。

快速生成报价：根据产品信息、价格策略和客户需求，自动生成准确的报价单，减少人工计算错误，提高报价效率。

报价审批流程：支持自定义报价审批流程，确保报价的合理性和合规性，同时加快审批速度，及时响应客户需求。

（6）合同管理。

合同模板管理：提供标准的合同模板，确保合同内容的规范性和一致性，同时允许根据不同客户和业务需求进行定制。

合同流程管理：包括合同起草、审批、签订、执行和归档等环节的全程管理，跟踪合同状态，提醒相关人员及时处理合同相关事务，避免合同风险。

（7）销售绩效评估。

绩效指标设定：根据企业的销售目标和管理要求，设定各种销售绩效指标，如销售额、销售增长率、客户转化率、销售毛利率等。

绩效分析与报告：自动收集和分析销售人员的绩效数据，生成详细的绩效报告，帮助企业管理层了解销售团队和个人的工作表现，发现问题和优势，为激励和培训提供依据。

（8）营销集成。

与营销活动关联：与企业的营销自动化系统集成，将营销活动产生的潜在客户信息及时传递给销售团队，实现营销与销售的无缝对接，提高线索转化率。

营销效果评估：通过分析销售数据与营销活动的关联，评估营销活动的投资回报率，为营销决策提供数据支持，优化营销资源配置。

2. 应用价值

提升销售效率：自动化执行繁琐销售任务，减少人工操作，节省时间和精力，让销售人员专注于与客户沟通和业务拓展，提高销售效率与业绩。

增强客户体验：基于全面的客户信息，为客户提供个性化服务，在合适时间提供所需产品或服务，增强客户满意度与忠诚度，促进客户复购与口碑传播。

优化团队协作：提供统一的销售数据平台，实现销售团队成员间信息共享，打破信息壁垒，促进团队协作。如团队成员可实时了解客户跟进情况，无缝对接工作。

（四）经销商管理系统（DMS）

1. 系统功能

经销商管理系统主要实现品牌商与经销商之间的协同，包括信息共享、订单管理、库存管理等主要功能模块。

（1）信息共享。

产品信息同步：企业能够实时更新产品规格、价格、库存、促销活动等信息，并同步至经销商端。如手机制造商推出新机型时，可借助平台迅速将新手机参数、售价、特色功能等告知各地经销商，使其第一时间掌握产品动态。

市场动态分享：整合行业新闻、竞争对手动态、市场趋势分析等内容，推送给经销商，帮助其把握市场方向，制定针对性销售策略。如服装企业将当季流行趋势、竞争对手新款服装风格及价格等信息分享给经销商，助力其调整货品采购和销售计划。

（2）订单管理。

下单便捷化：经销商可通过平台直接下单，系统自动记录订单详情，包括产品种类、数量、交货时间等，简化传统下单流程，减少人工沟通成本和出错率。如食品经销商在平台上一键提交饮料采购订单，无需通过电话、邮件反复确认。

订单跟踪与处理：企业能实时跟踪订单状态，从接单、备货、发货到物流配送，及时反馈给经销商。若订单出现问题，如缺货、延迟发货等，可在平台上及时沟通协商解决方案。像家具企业在订单发货后，将物流单号及查询链接提供给经销商，方便其跟踪货物运输情况。

（3）库存管理。

库存可视化：企业和经销商都能实时查看库存水平，了解不同产品在各仓库的库存数量，避免因信息不透明导致缺货或积压问题。如家电企业和经销商通过平台能清楚知晓各类家电在各地仓库的库存，合理安排补货和销售计划。

库存预警：设置库存预警阈值，当库存低于或高于设定值时，自动向企业和经销商发送提醒。例如，文具经销商库存的笔记本数量低于 100 本时，平台自动提醒其补货，企业也能提前做好生产准备。

2. 应用价值

提高运营效率：自动化和数字化的业务流程，减少人工操作和沟通成本，缩短订单处理周期，加快库存周转，提升企业和经销商的整体运营效率。

增强供应链稳定性：实时的信息共享和协同机制，使企业和经销商能更好地应对市场变化，合理安排生产、采购和销售计划，降低缺货和积压风险，增强供应链的稳定性。

促进合作关系：提供便捷的沟通协作平台，加强企业与经销商之间的互动与信任，共同解决问题，实现互利共赢，促进长期稳定的合作关系。

（五）KA（关键客户）渠道数字化管理系统

1. 系统功能

KA 渠道数字化管理系统是专门针对企业关键客户管理而设计的数字

化系统，旨在通过数字化手段优化KA管理流程、提升管理效率、增强客户关系，从而实现企业与KA的合作价值最大化。KA渠道数字化管理系统的主要功能如下。

数据采集：采用服务器集群，按照账号和交易单据类型，部署大量采集程序，按预设采集频率并行采集数据。确保客户网站出现交易单据后，能在短时间内将单据和数据采集到本地应用系统数据库。配套采集监控平台，随时发现采集程序故障，并按规则自动或人工重启，保障采集数据及时、完整、准确。

订单自动化：将所有客户订单自动对接至生产企业的ERP系统。订单采集后，经产品映射和门店匹配，转换为ERP可接收的格式，经业务规则处理后自动进入ERP系统。异常订单触发提示，按规定流程处理后进入ERP系统。

自动对账：包括收货核对、退货核对、费用核对、结算处理、开票、应收应付等模块。自动核对出现异常时，转至对应的审批流程，并自动生成差异单据，确保货款、费用核对平衡。

促销跟踪：利用实时数据跟踪所有促销活动前、中、后全过程，提前告知销售人员促销过程中的异常情况，以便及时处理。

导购员绩效：运用实时数据评估导购人员绩效，可按天、周、月、季、年等多种方式评估，并对应多种激励方案。

系统接口：与生产企业内部ERP、OA、钉钉、TPM、SFA、WMS、MDM（主数据管理）等系统对接。

2. 应用价值

提升单店业绩：通过增加铺货率、减少动销差的品项、提升促销活动执行力度、激励促销员等方式，提升单店业绩；同时，减少滞销、锁码、退货、不合理订单，降低门店销售损失。

大幅降低成本：通过订单自动化、对账自动化，可大幅降低人力成本；及时核对费用，减少不合理费用支出。

提升销售团队效率：通过数据驱动，提升一线销售人员执行力；借助及时报表和异常提示，快速支持日常决策。

第三节　老字号营销数字化转型的发展趋势

一、构建销售全渠道融合的立体发展模式

积极探索构建“即时零售 + 电商 + 线下”的协同体系，借助即时零售平台（如美团）拓展本地销售范围，实现“线上下单、线下即配”的消费闭环。例如，天津祥禾饽饽铺上线外卖服务后，即时零售渠道的销量占比达到 15%，并通过全城配送覆盖了更广泛的客户群体。王老吉通过“品牌强国工程”与中央广播电视总台开展线上线下深度合作，在《新闻联播》等黄金时段投放广告，强化品牌认知；同时，通过赞助电视剧《岭南药侠》以及刺梨产业帮扶项目，实现文化输出与社会责任传播的双重效果。此外，无锡、扬州等地举办的老字号年货节，联动线上直播与线下集市，以“满减优惠 + 场景体验”的方式激发消费活力。未来，还需进一步打通数据中台，实现线上线下库存和用户画像等数据的共享，从而提升运营效率。

二、推动 IP 与国潮元素的深度融合

老字号应充分挖掘自身历史文化资源，打造具有差异化的品牌 IP。比如天津祥德斋将“东汉二十四吉言砖”融入糕点设计，以“八味对应八祝福”的形式提升产品的文化附加值。瑞蚨祥、大北照相馆等老字号则通过跨界游戏、影视 IP，吸引年轻消费者的关注。在老字号营销数字化转型过

程中，相关技术可加速文化 IP 的多元呈现，如利用虚拟现实技术还原非遗技艺场景，通过短视频讲好品牌故事，实现文化价值与商业价值的相互促进。

三、以数据驱动精准营销与产品创新

依托大数据分析消费者需求，老字号能够精准开发“年轻化 + 个性化”的产品。例如，海河乳品借助工业物联网优化生产流程，并依据消费数据推出符合新消费理念的乳制品；北京老字号东来顺推出“麻酱咖啡”等创新品类，满足消费者多样化的需求。未来，需进一步强化用户行为追踪，利用人工智能技术预测消费趋势，以此指导产品包装、定价以及营销策略的动态调整。企业可通过数据分析深入了解消费者需求和偏好，制定更具针对性的营销策略和广告投放计划，提高营销效果和投资回报率。

四、借助智慧技术革新生产与消费场景

智能制造与智慧终端成为关键突破口。天津老美华引入 3D 量脚仪，通过实时扫描数据为消费者定制鞋履，提升消费体验；海河乳品智慧工厂应用工业物联网实现全链条自动化，显著提高了生产效率。未来可进一步探索 AR 试穿试吃、区块链溯源等新技术的应用，构建“沉浸式消费 + 透明化生产”的全新场景，增强消费者的信任感与互动性。

五、促进技术与营销场景的广泛融合

人工智能在老字号营销数字化转型中的应用将愈发广泛。从数据分析、销售管理、客户洞察到内容创作、广告投放等，人工智能将全面渗透营销各个环节，实现更精准的营销。例如，不少老字号利用 AI 技术生成带有用户个人形象的春联海报，用户可定制专属内容用于社交拜年，将传

统年俗与AI技术相结合，既保留了春节文化内涵，又通过用户共创增强了品牌亲和力。

六、强化政策与平台生态的协同支持

政府与平台需共同发力，优化老字号营销的发展环境。商务部等部门积极推动营销领域的产学研结合，加强知识产权保护；美团投入2亿元扶持资金，为老字号提供营销数字化转型工具和流量支持；北京成立数智创意营销联盟，整合十余家老字号资源，共同探索转型路径。未来，应进一步强化政策引导，搭建全国性展会平台和国际推广渠道，同时鼓励平台开放数据资源和技术能力，降低老字号营销数字化转型的门槛。

第四节　老字号营销数字化转型案例分析

一、陶陶居：百年老字号的数字化新生

（一）企业概况

始创于1880年的陶陶居，是“中华老字号”与粤式茶点文化的代表。企业以“传统技艺+数字化”双引擎驱动品牌年轻化转型，成为中式餐饮数字化转型领军企业，成功应对Z世代消费习惯变迁，打通线上线下全域运营。

（二）转型策略和落地动作

在数据驱动产品创新方面，建立会员消费数据库并分析高频菜品与用户偏好关联，2024年推出“大数据定制点心”系列（如低糖流沙包），首月销量破15万份，借助口味测试AI模型将新品研发周期效率提升40%；基于社交平台UGC，分析优化虾饺馅料配方，带动复购率提升23%。

在全域营销数字化方面，定制 Z 世代专属券包，使企业微信社群转化率提升至 18%，搭建“小程序 +APP+ 企业微信”私域矩阵，实现会员积分全域通兑；抖音本地生活直播单场 GMV 创历史新高，基于 LBS 的门店差异化促销让优惠券核销率达 68%，直播间场均观看量超 50 万、带货转化率 6.8%。

在智能制造与供应链协同方面，启用 AI 预测销量，动态调整食材采购配送，库存周转效率提升 40%、损耗率降低 15%；中央厨房部署 IoT 设备实时监控库存，点心自动化生产线产能提升 35%、人工成本下降 18%。

在供应链端，通过供应商管理系统实现生鲜食材 48 小时全程溯源，动态需求预测模型降低仓储成本 23%、缺货率降至 1.2%，冷链车辆 GPS+ 温湿度监控使食材损耗率稳定在 1.2%。

在管理提效与服务场景创新方面，全渠道整合线下 POS、线上商城等数据，2024 年会员总数突破 600 万；成立“数字营销专班”并重构 KPI，考核指标转向复购率、私域 GMV 占比，全员数字化培训覆盖率 100%；BI 看板整合门店人效、坪效数据，店长决策响应速度提升 50%，AI 排班系统使高峰期人力利用率达 92%。

在服务场景方面，上线“智能点餐 +AR 菜单”，客服机器人处理 85% 常见咨询、响应速度提升 3 倍，智能点餐屏缩短桌均用餐时间 12 分钟，AR 菜单展示菜品工艺使桌均消费提升 29 元；智能取号系统减少顾客等位时间 40%、满意度达 98 分，私域社群“陶陶居食客会”月活超 80 万，提供预约订座等增值服务。

（三）转型成效

数字化转型推动陶陶居实现显著突破。2024 年线上营收占比达 34%，2025 年 Q1 私域销售额同比激增 152%，私域用户复购率达 65%；资金周转率提升 2.1 次 / 年，节约物流成本成效显著。全渠道会员总数持续突破，私域用户转化率 42%，Z 世代客群占比从 2023 年的 28% 升至 2025 年

Q1 的 46%、客单价提高 26%，会员年消费频次达 7.2 次、点心类复购率 61%。在盈利方面，2024 年毛利率提升 4.3 个百分点，新品贡献率占营收 28%。在品牌价值方面，社交媒体曝光量年增 300%，老字号年轻化指数行业第一，短视频内容曝光量超亿次，“陶陶居”搜索指数同比增长 65%。在可持续发展方面，食材损耗率下降 17%，数字化减碳获政府绿色补贴。

（四）经验启示

陶陶居的转型实践形成六大经验：以解决食品安全溯源、用工成本等实际痛点为数字化优先级，高管牵头确保资源投入（如 2023 年数字化投入占营收 4%），消费数据反哺研发，使新品成功率超 85%；投入巨资搭建数据中台与 CDP 平台，整合公域引流与私域留存，使获客成本降低 47%；保留虾饺 32 道褶等手工核心工艺，非核心环节应用自动化，通过企业微信等轻量化工具逐步迭代；建立“茶点文化社群”，通过非遗体验课将会员 LTV 提升 2.8 倍，联合平台服务商补足技术短板；新策略先在 3 家门店试点，数据达标后 2 周内全国复制；向中小餐饮企业输出数字化管理系统，开辟技术服务第二增长曲线。

陶陶居通过“全域会员运营 + 智能制造 + 场景创新”，实现毛利率与 Z 世代占比双突破，为行业提供“文化基因 + 数字技术”融合的转型范式，证明老字号的新生在于以数据活化传统，以技术重构体验，以场景连接新世代。

二、王老吉：从传统老字号到数字化全球品牌的转型之路

（一）企业概况

王老吉创立于 1828 年，1995 年被评为“中华老字号”，并于 2006 年被列入国家级非物质文化遗产名录。目前，其业务聚焦于凉茶、刺柠吉高维 C 饮料、椰柔椰汁等健康饮品，产品品类丰富，涵盖红罐 / 红瓶凉茶、爆珠气泡水、草本功能饮料等。近年来，王老吉持续推进老字号营销数字

化转型，推出 WALOVI 国际品牌标识，借助抖音、TikTok 等平台强化文化输出，并积极布局智能供应链与定制化生产，加速全球化布局步伐。

（二）转型策略和落地动作

1. 全域用户资产沉淀（2020 年启动）

私域流量池构建：通过“一罐一码”扫码活动，在 3 年内累计沉淀 860 万企业微信用户。用户标签维度从少量基础类别拓展至 42 类，涵盖“火锅场景用户”“高频复购人群”等，以便更精准地洞察用户需求。

社群运营精细化：建立 3200 个“吉文化”主题社群，借助 AI 客服精准推送定制内容，极大地提升了用户活跃度，月活率提升至 41%。

数据中台搭建：投入数千万元打通线上线下共 21 个数据源，使用户画像完整度从 23% 大幅提升至 89%，为精准营销和运营决策提供坚实的数据支撑。

2. 场景化产品创新

健康化转型举措：2022 年，王老吉推出 0 糖凉茶，市场反响热烈，首月销量便突破 150 万箱，复购率达 38%，为全年营收贡献了 19%，展现出健康化产品的强劲市场潜力。

联名爆款打造：与热门游戏《王者荣耀》合作推出“英雄罐”，上市后单日售出 50 万箱，显著提升了品牌在年轻用户群体中的影响力，年轻用户占比提升 27 个百分点。2023 年，联合太二酸菜鱼推出“辣度匹配凉茶”，精准契合餐饮场景，带动餐饮渠道销量环比增长 65%。

3. 内容电商实现突破

直播矩阵搭建：王老吉自建 5 个品牌直播间，2023 年直播 GMV 大幅上升，平均客单价从 28 元提升至 52 元。同时，与头部主播合作，在 2022 年双 11 期间，单场直播最高销量达 80 万箱，有力推动了产品销售。

短视频营销发力：发起的抖音挑战赛 # 吉刻降温 # 播放量达数亿次，成功吸引大量用户参与互动，带动电商搜索量增长 300%，有效提升了品牌在电商平台的热度和产品搜索率。

4. 智能化渠道管理升级

AI 铺货系统应用：基于商圈热力图等数据，AI 铺货系统能够动态调整终端陈列，铺货效率提升 40%。在其助力下，2023 年餐饮渠道覆盖率回升至 88%，优化了产品的市场布局。

智能冰柜投入使用：投放 2.6 万台物联网智能冰柜，可实时监控库存与温度。这一举措使缺货率从 21% 降至 7%，保障了产品供应的及时性，提升了终端销售效率。

5. 元宇宙营销积极探索

数字藏品推出：2023 年，王老吉推出数字藏品“吉虎 NFT”，上线后极受欢迎，10 分钟内 5000 份便售罄，二级市场溢价最高达 20 倍，引发市场广泛关注。

虚拟博物馆搭建：搭建虚拟凉茶博物馆，以创新的互动体验吸引了累计 230 万 Z 世代用户参与互动，为品牌注入了新的活力，有效触达年轻消费群体。

（三）转型成效

业绩显著增长。线上营收占比从 2019 年的 12% 稳步增长至 2023 年的 39%，新品贡献率从 28% 提升至 47%，其中 0 糖系列年销售额突破性增长，成为新的业绩增长点。

用户资产扩充。私域用户增长至 1600 万，会员复购率从 31% 提升至 58%，用户生命周期价值（LTV）增长 210%。25 岁以下消费者占比提升至 37%，品牌年轻化成效显著，在饮料行业品牌年轻化指数中跃居 TOP3。

效率大幅提升。通过数据中台优化广告投放策略，广告投入回报率（ROI）从 1∶2.3 提升至 1∶5.8。智能冰柜的使用使终端人效提升 35%，每年节约运维成本数千万元，实现了降本增效。

品牌价值提升。抖音品牌指数增长460%，成功入选《2023中国数字营销经典案例TOP10》。元宇宙项目荣获戛纳国际创意节铜狮奖，品牌溢价能力提升22%，在全球范围内提升了品牌的知名度和美誉度。

（四）经验启示

王老吉的转型实践形成四大经验。①用户资产核心地位：借助“产品赋码+私域运营”模式，将传统快消产品转化为数据收集入口，深度挖掘用户价值，积累庞大且精准的用户资产，为品牌持续发展奠定基础。②场景破局策略：聚焦火锅、电竞等高频消费场景，通过老字号营销数字化转型，重构消费链路，以场景化产品创新和营销，精准满足消费者在特定场景下的需求，实现品牌突围。③技术杠杆作用：技术投入产出比表现优异，每1元技术投入可撬动8.6元营收增长。AI技术广泛应用于70%的营销环节，显著提升营销效率和精准度，成为品牌增长的重要驱动力。④虚实融合路径：元宇宙营销投入产出比达1:14，为老字号品牌开辟了年轻化新路径。通过虚拟世界的创新营销活动，吸引年轻用户群体，提升品牌在年轻市场的影响力和竞争力。

三、真美食品：老字号肉制品领军者

（一）企业概况

始创于1945年的真美食品，作为商务部认证的“中华老字号”，传承潮式肉脯非遗技艺数十载，专注肉脯、肉松、牛肉干等肉制品，市场占有率连续8年稳居全国前三，产品出口20多个国家。企业集科研、加工、贸易于一体，布局江东总部、凤泉湖工业园、高铁新城三大厂区，与山姆、沃尔玛、名创优品等头部渠道深度合作。2025年第一季度通过量贩渠道及新零售布局持续增量。

真美食品技术实力雄厚，设立省级技术中心与博士工作站，主导参与39项国际/国家行业标准（含ISO标准），获23项发明专利；连续25

年获“守合同重信用企业”，兼获“农业产业化国家重点龙头企业”等认证。目前启动植物蛋白肉深加工项目及高铁新城基地，支撑健康化产品转型。

（二）转型策略和落地动作

真美食品通过多维度数字化转型，实现全链条升级。

在产品创新方面，建立“古法工艺数据库”传承非遗技艺，结合Z世代健康需求，推出减糖35%果蔬肉脯、生酮食品等爆品，并联合华南理工大学开发生物提取技术，专利转化率超80%。

在全域营销方面，线下在潮汕核心商圈开设沉浸式体验店，展示非遗技艺，线上借势世界杯、《叶问4》等IP开展娱乐化营销，通过“扫码红包”等玩法触达5万用户，线上营收占比突破54%，Z世代消费贡献率达35%；同时，智能客服工场AI处理83%售前咨询，经销商赋能平台提升新品铺货效率45%。

在智能制造领域，企业引进德国自动化生产线实现标准化生产，能耗降低12%，累计投巨资改造产线；仓储物流数据中台动态调配库存，交货周期缩短15%，并接入量贩渠道销售数据直连。

在管理服务方面，通过国家诚信管理体系认证，实现全流程可视化监控，会员系统提供健康膳食定制方案；数字化培训系统赋能团队掌握智能设备与数据分析，工匠创新工作室强化非遗技艺传承。

此外，企业与山姆、名创优品等头部渠道通过数据中台分析消费偏好，实现跨界生态共建，并将潮汕文化符号融入国潮礼盒，通过社媒话题提升Z世代渗透率。

（三）转型成效

数字化转型推动真美食品实现显著增长。在效率方面，2024年企业生产成本节约成效显著，资金周转率提升20%，智能制造降低人工成本18%、提升品控效率30%；全域会员总数破千万，年消费频次4.8次，复购率从 45% 升至 60%，Z 世代客群贡献率提升至 35%，网红产品复购转化率行业领先；在市场表现方面，2024 年线上年货节销售额增长 40%，2025 年第一季度新零售渠道持续扩张，新品研发周期缩短 50%，健康新品拉动整体销售额增长。

（四）经验启示

真美食品的转型实践形成六大经验：通过构建“金字塔会员体系”与“非遗手作直播”，实现用户资产深度运营；聚焦高 ROI 数字化场景与 AB 测试机制，确保技术投入精准见效；依托热搜捕捉与短视频工业化生产，打造敏捷内容响应体系；利用全渠道数据直连生产与冷链营销，实现全链路数据反哺；设立高额奖金池、共建人才实训基地，推动组织机制深度重构；通过数据共享与 VR 展示，构建共赢的产业生态。

第七章　服务数字化转型

第一节　服务数字化转型概述

一、服务数字化转型的内涵

服务数字化转型是企业或组织借助人工智能、大数据、云计算、物联网等先进数字技术，对服务流程、内容、交付方式及客户体验进行全面革新的过程。其核心目标在于顺应数字经济快速发展的时代趋势，通过技术赋能提升企业核心竞争力，强化客户价值创造能力。这一转型绝非单纯的技术升级，而是涵盖业务模式创新、运营体系优化、组织架构重塑以及人才结构调整的系统性战略变革。

在互联网技术蓬勃发展的当下，企业既迎来广阔机遇，也面临诸多挑战。移动互联网时代的来临，催生出用户多样化、即时化、个性化的服务需求。传统服务模式因响应速度慢、定制化程度低等局限性，已难以满足市场新需求。在此背景下，服务数字化转型成为企业在激烈市场竞争中谋求生存与发展的必然选择。

二、服务数字化转型的价值

服务数字化转型对企业产生了深远影响，其价值不仅体现在提升企业效率与竞争力层面，更在于为企业开辟了全新的发展机遇。企业借助数字化转型手段，能够灵活应对瞬息万变的市场环境，增强创新能力，进而构筑更强大的市场竞争优势。通过服务数字化转型，企业得以拓展新业务领域，为消费者打造全新体验，充分彰显自身独特优势。图 7.1 系统概括了服务数字化转型的主要价值，下文将从提升核心竞争力、推动业务创新、提升客户体验这三个维度展开详细阐述。

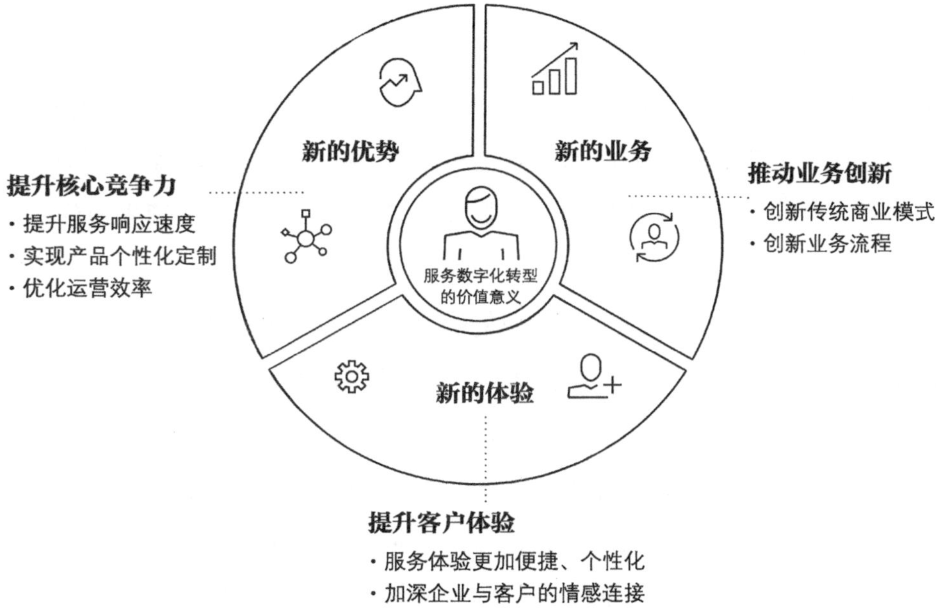

图 7.1 服务数字化转型的主要价值

（一）提升核心竞争力

伴随新技术的持续迭代与涌现，企业通过引入先进的数字化转型工具，能够显著提升服务响应速度、实现产品个性化定制，并优化运营效率。其中，人工智能、大数据、物联网等技术的深度应用，成为强化企业竞争优势的关键驱动力。

通过服务数字化转型，企业能够为消费者提供更具针对性的个性化服务。依托对海量客户数据的深度分析，企业得以精准洞察客户需求，进而为其量身定制专属的产品与服务方案。例如，某老字号中医药企业基于客户健康数据，为VIP客户打造个性化养生方案。该方案实施后，VIP客户的消费频次提升至原来的2.5倍，客户忠诚度提高了40%。

（二）推动业务创新

服务数字化转型并非局限于对现有业务模式的优化升级，更是驱动企业实现业务创新的核心动力。众多企业在数字技术的支撑下，成功重构商业模式，开拓全新的收入增长点。以一家百年老字号制衣企业为例，其引入智能裁剪系统后，凭借系统对裁剪流程的精准把控，每日服装产量提升40%，裁剪失误率从10%大幅降至2%。同时，企业借助大数据分析优化供应链管理，使面料采购成本降低20%。这些技术革新不仅显著提升了生产效率，更助力企业在竞争激烈的服装市场中进一步巩固了领先地位。

（三）提升客户体验

数字技术的广泛应用，使企业能够为客户提供更加便捷、个性化的服务体验，从而有效提升客户满意度与忠诚度。通过构建全渠道、个性化的服务体系，企业得以深入理解客户需求，并在各个服务触点为客户提供无缝衔接、流畅自然的服务体验。例如，某老字号美妆品牌运用数字化分析工具，结合消费者历史购买偏好与线上咨询记录，为客户定制专属美妆产品推荐方案，成功将线上店铺商品的点击转化率提升40%，产品退货率降低20%。另一家老字号餐饮企业积极推进服务数字化转型，将旗下2000余种菜品信息、预订服务、外卖配送等功能整合至线上平台，使顾客点餐信息填写量减少65%，平均用餐预订办理时长缩短80%。

三、服务数字化转型的主要内容与实践应用

服务数字化转型主要包含两大方向：一是数字业务优化，即在不改变原有业务模式的基础上，通过数字化手段实现业务增值；二是数字业务转型，通过推出新产品、新服务和拓展业务渠道，为企业开辟全新的收入来

源。从具体实践来看，服务数字化转型涵盖服务流程数字化、服务内容创新、服务渠道拓展、服务体验优化、数据驱动决策五大核心内容。

(一) 服务流程数字化：效率与精准度双提升

服务流程数字化是转型的基础，旨在通过数字技术优化、重构服务流程，减少人工干预，提升服务效率与准确性，主要体现在自动化、智能化、系统化三个层面。

1. 服务流程自动化

传统服务流程依赖人工操作，存在环节繁琐、信息滞后、决策迟缓等问题。企业可以借助机器人流程自动化（RPA）、人工智能、大数据等技术，实现服务环节自动化。例如，全聚德引入自动化烤鸭生产线，通过系统自动分配订单至最近门店，将配送响应时间缩短至30分钟内。改造后，单店日均产能提升至600只，同比增长40%；人工干预环节减少70%，出错率降至0.5%；客户等待时间压缩50%，满意度评分显著提升。

2. 服务流程智能化

将人工智能与机器学习技术融入服务流程，利用模型和算法预测客户需求，动态调整服务资源。如同仁堂上线的智能问诊系统，集成3000余种中医典籍数据与AI辨证模型。患者上传舌象、脉象数据后，系统自动生成体质报告并推荐药方，日均问诊量从800次增至5000次，辨证准确率达92%，复诊率提升35%，代煎汤剂配送时效缩短至2小时，银发用户占比提升至45%。

3. 服务流程系统化

通过搭建统一信息平台，打破部门与系统间的数据孤岛，实现跨部门协同。例如，老凤祥部署的ERP系统整合设计、生产、门店数据，推动定制珠宝全流程数字化，订单处理周期从15天缩短至5天，供应链协同效率提升60%，库存周转率达到行业均值的1.8倍，高端定制业务营收增长210%，客户投诉率下降至0.3%。

（二）服务内容创新：满足多元需求

借助数字技术创新服务内核，通过场景化、订阅式、智能化服务，为客户提供多样化、个性化体验。

1. 场景化服务

基于客户具体场景需求提供精准服务。东阿阿胶依据季节变化和用户健康数据，推出“阿胶冰饮”等夏季养生方案，结合大数据分析进行个性化食谱推荐，使年轻客群占比从18%提升至40%，场景化营销点击转化率提升至32%，客单价提高25%。

2. 订阅式服务

将单次交易转化为长期服务关系，增强客户黏性。稻香村推出年度月饼订阅服务，支持用户定制口味并定期配送，订阅用户留存率达85%，年均消费频次提升至4.2次；个性化礼盒销量占比达55%，毛利率提高18%；会员社群活跃度达73%，带动新品试吃转化率提升40%。

3. 智能化服务

利用人工智能实现个性化服务匹配。吴裕泰开发的智能茶艺推荐系统，根据用户口味偏好匹配茶叶与冲泡方案，个性化推荐准确率提升至89%，连带销售率提高28%；线上茶艺课程吸引超50万人次参与，年轻用户占比达62%；同时，茶叶损耗率降低至3%，库存周转效率提升35%。

（三）服务渠道拓展：打破边界，全场景覆盖

通过拓展在线渠道、融合线上线下资源，为客户提供更便捷的服务体验。

1. 全渠道融合

打通线上线下渠道，实现服务体验一致性。老北京布鞋品牌内联升整合天猫旗舰店、微信小程序与线下门店，推行全渠道同价同服务，线上下单线下改鞋服务使用率达58%，客单价提升40%；私域社群贡献33%的

GMV（商品交易总额），复购率提高至65%。

2. 移动应用与小程序开发

借助APP和小程序提供个性化服务。瑞蚨祥小程序推出旗袍AR试穿与面料定制功能，线上定制订单占比提升至45%，交付周期缩短至7天；小程序用户突破80万，30岁以下客户占比增长至38%。

（四）服务体验优化：提升客户感知

针对客户日益增长的体验需求，通过数字化手段优化服务全流程，重点聚焦个性化体验与沉浸式体验。

1. 个性化体验

基于大数据分析客户偏好，提供定制化服务。张小泉推出刀具刻字与硬度定制服务，用户可在线设计专属刀具，定制业务营收占比提升至28%，毛利率达65%；定制客户NPS（净推荐值）达88分，口碑传播带动整体销量增长130%。

2. 沉浸式体验

运用虚拟现实、增强现实技术，为客户创造真实互动的服务场景。

（五）数据驱动决策：科学赋能业务

作为数字化转型的高级阶段，通过数据收集、分析与应用，支撑企业科学决策，主要应用于客户画像、需求预测与智能决策等场景。

1. 构建客户画像体系

整合交易数据、行为日志、社交媒体等多源信息，形成客户全景视图。某企业通过RFM模型识别高价值客户，将专属服务覆盖率提升至80%。

2. 应用预测性服务

利用机器学习预测服务需求波动。某连锁酒店基于历史入住数据动态调整清洁人员排班，降低人力成本15%。

3. 开发智能决策引擎

融合业务规则与AI模型，搭建智能推荐系统，并完善数据治理体系。例如，茅台构建生产大数据平台，实时分析气候、原料与酿造数据，使基酒优质率从78%提升至92%，年度增产15%；能耗成本降低18%，碳排放减少12万吨。

四、服务数字化转型中的关键环节

服务数字化转型的落地需要系统化的实施方法与策略支撑，既要解决技术应用问题，也要突破组织与文化障碍。服务数字化转型中的关键环节如下。

（一）评估现状与需求

在服务数字化转型的过程中，评估现状与需求是制定有效战略的基础。企业只有全面了解当前业务流程、技术架构、市场环境和客户需求，才能识别出服务数字化转型的关键领域和优先级，进而制定切实可行的转型方案。服务数字化转型的评估内容涵盖业务流程、技术架构、市场环境等方面，具体说明如下。

1. 业务流程评估

企业需对现有的业务流程进行全面评估，详细分析各部门的工作流程、信息流转以及决策机制，从中识别出流程中的瓶颈和低效环节。

2. 技术架构评估

评估现有的技术架构至关重要。企业应审视现有的IT基础设施、软件系统和数据管理能力，判断其能否满足当前及未来业务发展的需求。

3. 市场环境分析

市场环境分析对需求评估意义重大。企业需分析行业趋势、竞争态势和政策变化，从中识别出市场中的机会与威胁。

4. 客户需求调研

深入了解客户需求是评估工作的核心。企业应通过问卷调查、访谈、数据分析等方式，挖掘客户的期望和痛点，从而明确服务改进和创新的方向。

（二）选择合适的技术

选择适合的技术是服务数字化转型的关键步骤。技术的正确选择直接影响到业务流程的优化、客户体验的提升以及企业竞争力的增强。企业可以从以下四个维度来进行综合评估。

1. 评估业务需求与技术匹配度

企业需要深入分析自身的业务需求，明确转型的目标和方向。例如，某零售企业希望通过数字化转型提升库存管理效率和客户购物体验，就需评估现有技术架构的适应性，以确定是否需要引入新技术或升级现有系统。

2. 关注技术的可扩展性与灵活性

选择的技术应具备良好的可扩展性和灵活性，以适应未来业务的发展和变化。例如，通过云计算技术的弹性和可扩展性，企业可以根据业务需求动态调整资源，降低 IT 成本，提高运营效率。

3. 考虑技术的集成能力

在服务数字化转型中，企业通常需要将新技术与现有系统进行集成。例如，某制造企业在引入 ERP 系统时，选择了与现有 MES（制造执行系统）兼容的解决方案，实现了生产和管理的无缝对接。

4. 评估技术的安全性与稳定性

数据的安全性和系统的稳定性是服务数字化转型中的重要考量因素。企业应选择具备高安全性和稳定性的技术，以确保业务连续性和数据保护。

（三）优化服务流程

在服务数字化转型的过程中，优化服务流程是提升客户体验、提高运营效率的关键。传统的服务流程往往依赖人工操作和繁琐的步骤，效率较低。而通过引入数字化转型技术，企业能够精简服务流程，减少不必要的环节，提供更快、更精准的服务。服务流程优化路径如下。

1. 识别服务流程中的瓶颈

服务流程优化的第一步是识别并分析当前流程中的瓶颈和低效环节。例如，客户咨询的响应时间过长、审批流程复杂、信息传递不畅等，都可能影响服务效率和客户体验。通过数据分析和流程审计，企业可以准确定位问题所在，为后续的流程改进提供依据。

2. 引入自动化和智能化技术

自动化和智能化技术是优化服务流程的核心手段。企业可以通过机器人流程自动化、人工智能、机器学习等技术，替代传统的人工操作，提升服务的效率和准确性。

3. 建立数字化客户互动平台

为了提高客户的互动体验，企业需要建立一个高效、便捷的数字化客户服务平台。这一平台能够为客户提供全天候、多渠道的服务支持，并通过集成的数据分析工具，为客户提供个性化、定制化的服务体验。

4. 持续优化流程，建立反馈机制

服务流程优化是一个持续的过程，企业需要定期评估优化效果，并根据客户反馈和市场变化进行调整。通过建立反馈机制，企业能够及时了解客户在服务过程中的问题和需求，从而进行针对性的改进。

（四）创新服务内容

在服务数字化转型过程中，创新服务内容是提升企业竞争力、吸引新客户和保持现有客户忠诚度的关键途径之一。通过将数字化技术与服务内容相结合，企业不仅能够提高服务的附加值，还能够通过差异化的服务吸引更多的客户。服务内容创新可参考以下内容。

1. 个性化服务的创新

个性化服务是服务数字化转型中最为突出的创新方向之一。企业可以通过对客户行为、偏好和需求的深度分析，提供量身定制的服务。这不仅能够提升客户体验，还能大大增加客户的满意度和忠诚度。

2. 按需服务与共享经济

企业通过数字平台，将供需双方有效连接，提供即时的、灵活的服务。这种服务模式不仅提高了资源的利用率，还为消费者提供了更加灵活的选择和便利。

3. 智能化服务

智能化服务包括通过智能设备和人工智能技术为用户提供更加智能化的服务、个性化推荐和按需服务等创新形式。

4. VR/AR（虚拟现实/增强现实）技术的应用

VR/AR 技术的快速发展，为服务内容创新提供了更多的可能性。这些技术能够为用户创造身临其境的沉浸式体验，尤其在零售等行业中展现了巨大的潜力。

（五）拓展服务渠道

企业需要在传统服务渠道的基础上，开辟新的渠道和触点，提供更加多样化和便捷的服务方式。通过拓展服务渠道，企业能够触及更多的潜在客户，提高服务的覆盖面，并在竞争激烈的市场中占据有利位置。拓展服务渠道包括全渠道整合、移动化服务渠道建设等，具体如下。

1. 全渠道整合

随着移动互联网和社交媒体的普及，客户希望能够通过不同的渠道和设备随时随地获取服务。因此，企业需要采取全渠道战略，将线上与线下的各类服务渠道进行整合，提供无缝连接的服务体验。

2. 移动化服务渠道建设

移动互联网已经成为现代消费者获取服务的主要渠道。为满足客户随时随地获取服务的需求，企业需要加大对移动化服务渠道的投入。这不仅包括开发移动应用，还包括优化网站的移动端体验、通过社交媒体平台与客户互动等方式。

3. 线上线下融合 O2O 模式

线上线下融合是拓展服务渠道的重要方式之一。这一模式通过将线上流量引导到线下门店，或将线下服务转化为线上交易，实现了线上和线下服务的无缝对接。

4. 智能客服和自助服务平台

智能客服和自助服务平台已成为拓展服务渠道的重要工具。智能客服系统通过 AI 和自然语言处理技术，能够自动解答客户常见问题，提供 24 小时不间断的服务，减少对人工客服的依赖。

（六）加强数据管理与利用

在服务数字化转型的过程中，数据已成为企业的一项重要资产。数据的收集、管理和利用，不仅能够帮助企业提升运营效率，还能支持战略决策、优化客户体验、推动创新。如何加强数据管理与利用，建立科学的数据治理体系，充分挖掘数据价值，已经成为服务数字化转型成功的关键因素之一。加强数据管理与利用应该关注数据治理、数据安全、数据共享等方面，具体如下。

1. 数据治理和质量管理

数据治理是确保数据准确性、完整性和一致性的过程。企业在进行服务数字化转型时，首先需要建立健全的数据治理架构，确保数据的来源合法、格式规范、存储安全。数据治理的目标不仅是管理数据质量，还包括数据安全、合规性以及数据的流转和使用。

2. 数据安全和隐私保护

企业所积累的大量客户数据和业务数据中往往包含个人隐私和敏感信息，如何确保数据安全和用户隐私的保护，已经成为企业不可忽视的问题。企业必须遵循相关法规，以确保数据处理的合规性，并通过加密、身份验证、访问控制等技术措施，保障数据的安全。

3. 数据整合与共享

企业通常会面临多个数据源和信息孤岛的挑战。不同部门、系统和渠道产生的数据往往无法有效整合和共享，导致数据的利用效率低下。通过数据整合与共享，企业能够打破信息孤岛，提升数据的使用价值，进一步提升决策的准确性和响应速度。

4. 数据驱动的创新

数据是推动业务创新的重要驱动力。通过对数据的深度分析，企业可以发现潜在的业务机会和市场需求，推动创新和产品改进，帮助企业挖掘新的商业模式和盈利渠道。

加强数据管理与利用是服务数字化转型中至关重要的一环。通过建立完善的数据治理体系、确保数据安全、打破信息孤岛、实现数据驱动的决策和创新，企业能够最大化地释放数据的价值，提升运营效率、优化客户体验，并推动业务的持续创新。

五、服务数字化转型的策略及方法

在推进服务数字化转型的过程中，企业可以根据自身的资金投入、技术能力、数据基础、人才结构等特点，选择合适的策略及方法。以下是几种常用方法介绍。

（一）客户导向法

客户导向法是服务数字化转型中一种重要策略，旨在以客户体验为核心重塑服务价值链，利用数字化工具提升服务质量与个性化响应，实现更高的客户满意度与忠诚度。客户导向法的内容包括以下几个方面。

1. 客户旅程映射

客户旅程映射是客户导向法中的基础工具之一，它通过详细绘制客户与品牌之间的互动路径，帮助企业识别客户接触点及潜在痛点。例如，星巴克通过收集的用户行为数据打造“千人千面”个性化推荐系统，使个性化优惠券的点击率提升了42%，单个客户的年度消费额增加了18%。

2. 实时反馈机制

实时反馈机制使企业能够快速捕捉客户反馈与满意度，进一步优化服务体验。例如，亚马逊通过部署实时NPS（净推荐值）监测系统，在客户完成订单后的30秒内收集满意度数据，将问题解决时效缩短至4小时。这种及时响应能力，不仅提升了客户体验，也增强了客户对品牌的信任与忠诚度。

3. 服务模式创新

服务模式创新是客户导向法中的另一个重要方向。通过深度分析并回应客户需求，企业能够创造出具有竞争力的差异化服务。

客户导向法的核心是构建“需求洞察—服务设计—体验优化”的闭环。IDC的研究表明，采用这种方法的企业，其客户留存率比行业平均水平高出23%。通过该方法，企业不仅能提升客户个性化服务体验，还能优化资源配置，提高运营效率和客户满意度。

（二）流程再造法

流程再造法在服务数字化转型中起着至关重要的作用。该方法旨在通过应用数字化技术，彻底重构企业的服务流程，以提高效率并优化服务质量；同时引入自动化与智能化手段，极大地缩短处理时间，降低人为错误，提升客户满意度。流程再造法具体内容如下。

1. 端到端自动化

端到端自动化是流程再造法的核心，旨在通过引入机器人流程自动化、人工智能、物联网等技术，实现整个服务流程自动化，从而提高效率并减少人为干预。这意味着企业不仅通过自动化提升效率，还通过智能化手段改善服务质量和客户体验。

2. 智能决策嵌入

智能决策嵌入是流程再造法中的另一关键组成部分。通过将智能决策支持系统与业务流程深度结合，企业能够实时做出更加精准的决策。例如，全聚德引入的智能菜品推荐及库存管理系统，综合分析季节变化、地域消费偏好、食材供应稳定性等超100种因素，实现了烤鸭等热门菜品原材料库存周转率提升35%，因食材积压造成的浪费减少了20%。

3. 协同流程再造

协同流程再造强调不同部门和系统之间的深度整合，以确保信息流畅和服务流程的顺畅衔接。例如，稻香村作为老字号糕点企业，积极引入信息化协同平台，将研发、生产、销售等关键部门紧密相连。在新品研发阶段，销售部门依据市场调研反馈的消费者口味偏好、流行趋势等信息，实时传递给研发团队；研发团队结合这些信息以及生产部门反馈的原料库存、工艺可行性等数据，快速调整配方和工艺。这一协同变革使新品从创意构思到上市时间缩短了40%，新产品推出成功率提高了35%。

4. 关键技术支撑

在实现流程再造的过程中，关键技术的支撑不可或缺。流程挖掘技术、低代码平台和智能工作流引擎为企业提供了强大的工具，帮助其在服务数字化转型过程中梳理、优化并自动化服务流程。

（三）技术集成法

技术集成法是服务数字化转型中不可或缺的一种方法，其核心是通过将各种技术栈有机整合，构建全面、协同且高效的数字化服务能力。这种方法要求确保不同技术平台协同运作，以实现端到端的数字化服务，提升业务效率并创造更高的客户价值。技术集成法的具体内容如下。

1. 核心技术融合

核心技术融合是技术集成法的基础，指的是将物联网、大数据分析、智能识别等不同技术元素结合在一起，创造出高效、互联的服务生态。例如，同仁堂通过融合物联网技术（药材仓储传感器）、大数据分析（历史药方与药材使用数据）以及智能识别（药品质量检测AI），实现了药材库存损耗率降低至3%，药品质量不合格率下降至0.5%。

2. 生态化技术集成

生态化技术集成是在核心技术融合基础上，进一步扩展企业的技术生态。例如，王致和作为老字号，通过搭建“多维度技术融合矩阵”（大数据分析、物联网、智能发酵监测、区块链溯源、云计算），支撑着产品研发、生产监控、质量追溯等多达150个应用场景，成功稳固了其在调味品市场中庞大的消费群体，忠实用户数量超过5000万。

3. 分层技术架构

分层技术架构是确保技术集成顺利进行的关键，它通过将技术组件按层级结构划分，更好地实现灵活配置与扩展。例如，同升和作为老字号制鞋企业，采用“前端数据采集 + 中台智能分析 + 后端生产调控”的分层技术架构。该架构成功支撑了同升和个性化定制业务的开展，使得定制鞋的生产周期从原来的15天缩短至7天，显著提升了生产效率和客户满意度。

4. 技术集成的实施原则

在进行技术集成时，企业需要遵循一些基本原则以确保成功实施。Gartner提出了技术集成的“三A标准”——敏捷（Agile）、适配（Adaptive）、可组装（Assembling）。这些原则强调了集成过程中技术的灵活性和模块化特点，使企业能够根据业务需求和市场变化，快速调整技术架构，从而实现最佳效果。

（四）数据驱动法

数据驱动法是服务数字化转型的核心方法之一，旨在通过充分挖掘和利用企业的海量数据资源，转化为可操作的决策能力，构建一个持续优化的决策链路。通过数据资产化，企业能够提升运营效率、优化客户体验，并实现精准的预测与个性化服务。如图7.2所示，数据驱动法包含了数据资产化实践、预测性分析应用等方面。

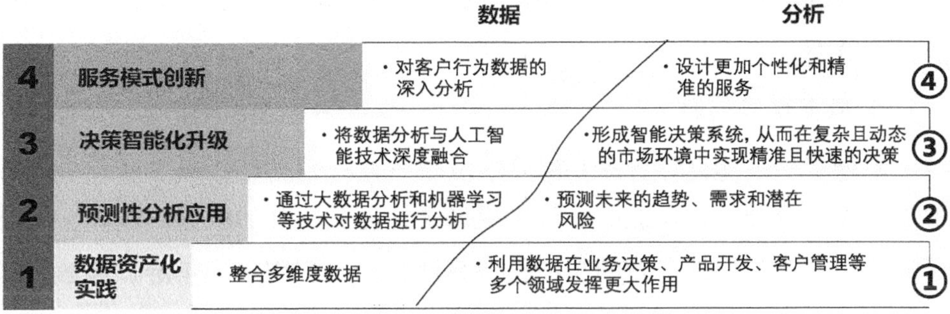

图 7.2 数据驱动法

1. 数据资产化实践

数据资产化是将企业数据转化为企业资源的一种方法。通过整合多维度数据，企业能够在业务决策、产品开发、客户管理等多个领域发挥更大作用。以某速运公司为例，其建立的物流大数据平台整合了 2000 多个数据维度，包括运输轨迹、天气、经济指标等。通过对这些数据的精准分析，能够将货量预测准确率提升至 98%，运力调配的成本也减少了 12%。

2. 预测性分析应用

预测性分析是指通过大数据分析和机器学习等技术，预测未来的趋势、需求和潜在风险。例如，恒源祥通过对线上线下销售终端数据、时尚潮流资讯数据、消费者反馈数据的深度分析，将新品从设计到生产再到上架的周期压缩至 20 天，同时滞销率降低至 8%，远低于行业平均水平 30%。

3. 决策智能化升级

决策智能化升级是数据驱动法的重要目标之一，它要求企业将数据分析与人工智能技术深度融合，形成智能决策系统，实现精准且快速的决策。例如，片仔癀通过构建"智能决策管理系统"，深度整合生产环节的原材料供应数据、销售端的市场需求数据以及产品研发的技术参数等 1000 多个关键指标。借助人工智能算法对这些数据进行实时分析，使原材料采购成本降低了15%，新品研发成功率提高至70%，有效提升了企业的运营效率。

4. 服务模式创新

数据驱动法还促使许多企业在服务模式上进行创新。基于对客户行为数据的深入分析，企业能够设计出更加个性化和精准的服务。例如，吴裕泰基于用户购茶数据开发的智能推荐系统，能根据用户的年龄、地域、消费频次、口味偏好等多维度信息进行精准推荐，推荐准确度达到了75%，用户的平均购茶频次提高至每月3次，进一步增强了用户黏性和品牌吸引力。

（五）持续迭代法

持续迭代法的核心在于通过建立快速反馈机制和敏捷开发流程，使企业能够在短周期内进行技术和服务优化，不断适应市场和客户的变化需求，实现螺旋式上升的服务数字化转型路径，提高服务质量，增强客户黏性，并保持竞争力。持续迭代法内容如下。

1. 快速迭代机制

快速迭代机制是持续迭代法的基础，它要求企业能够在短时间内完成产品或服务的开发、测试、上线与反馈。例如，冠生园通过线上线下结合的用户反馈收集方式，对产品进行快速优化，借助A/B测试法，针对不同口味、包装设计等进行测试，每月运行超过50个实验，新品从研发到上市的周期缩短至三个月，产品复购率提升了25%。

2. 客户反馈闭环

客户反馈闭环是持续迭代法中不可或缺的一部分，它帮助企业快速获取客户的使用体验，并通过反馈优化产品或服务。例如，老字号调味品企业六必居构建了一套完备的"消费者意见收集—产品改进规划—新品推出"反馈机制。每个月，六必居会收集到超过2万条消费者反馈，涵盖产品口味、包装设计、使用便捷性等方面，并针对其中80%的合理建议进行深入分析并落实到产品改进中。这一举措使得相关产品的销量提升了15%，同时也进一步提升了品牌在消费者心中的形象，确保了产品能够更好地满足市场需求。

3. 敏捷开发与DevOps（开发运维一体化）

敏捷开发和DevOps是实现持续迭代的两大核心方法。通过敏捷开发，企业能够在短周期内开发出可用的产品原型，并通过不断反馈和改进实现产品优化；DevOps则缩短了开发与运维之间的周期，提升了产品发布的频率和稳定性。

（六）人才培养法

人才培养是推动服务数字化转型成功的关键因素之一。通过构建适应数字化需求的人才梯队，企业能够确保数字化转型的持续性与高效性。人才培养法通过制订有针对性的培养计划、优化组织能力、构建生态化人才网络等多方面措施推进，具体内容如下。

1. 复合型人才培养

复合型人才具备跨学科的知识和技能，能够将技术与业务需求结合，推动创新和效率提升。例如，老凤祥通过“珠宝设计与营销＋数字化运营”人才认证体系来培养复合型人才，在两年内培养了超过800名认证人才。通过这种培养模式，老凤祥确保了在珠宝新品研发、线上线下营销融合等服务数字化转型项目中有足够的专业技术力量，进一步提升了品牌在产品创新和市场服务优化方面的竞争力，使得新品上市后的市场接受度提高了20%。

2. 组织能力升级

企业在实施服务数字化转型的过程中需要注重组织整体能力的提升。例如，同庆楼通过开展“数字化管理进阶”培训课程，助力中高层管理人员提升对服务数字化转型战略的认知和运用能力，使得同庆楼中高层管理人员对服务数字化转型战略的理解度从50%提升到了88%。同时，在涉及新餐厅选址、菜品研发投入等重要决策时，将因对数字化战略理解不足导致的决策失误率降低了35%，大大减少了决策风险。

3. 生态化人才网络

生态化的人才网络旨在通过整合外部资源，提升企业在特定领域的人才优势。例如，同仁堂与国内150所中医药院校及科研机构共建“中医药数字化人才联合培养计划”，累计培养了超过2万名既懂中医药理论又熟悉数字化技术的专业人才。这些人才的加入显著提升了同仁堂在中药智能炮制、数字化营销等方面的工作效率，还为企业在中医药大数据分析、智能健康服务等创新业务领域的拓展提供了有力支持。

六、服务数字化转型的评估维度与方法

（一）服务数字化转型评估维度

在进行服务数字化转型的成效评估时，需从多个维度进行系统性评价，以全面了解转型的效果和价值。常见的评估维度包括客户满意度与忠诚度、运营效率与成本节约两个方面。

1. 客户满意度与忠诚度

客户满意度的量化评估可通过多种模型实现，最常见的量化模型包括美国客户满意度指数、净推荐值、客户努力评分等。其中，美国客户满意度指数模型通过从预期质量、感知质量、感知价值等方面设计一套综合指标体系，可以帮助企业更精准地把握客户的需求和期望。

客户忠诚度是衡量企业能否保持持续盈利的重要指标。通过复购率、净推荐值和客户生命周期价值等核心指标，可动态追踪客户忠诚度的变化。例如，稻香村借助服务数字化转型，优化线上线下销售渠道，丰富产品种类并推出定制服务，成功将复购率提升至65%，而传统糕点行业均值仅为40%。

2. 运营效率与成本节约

服务数字化转型往往伴随着流程优化和自动化的推进。例如，全聚德引入智能点餐与后厨管理系统，实现了从顾客下单到菜品上桌流程的优化与自动化。原本顾客从点餐到上菜平均需要 40 分钟，如今借助该系统，上菜时效大幅压缩至 15 分钟，远远优于传统中餐行业平均 30 分钟的上菜时长。

在成本节约方面，服务数字化转型同样展现出巨大潜力。例如，王麻子剪刀通过服务数字化转型，投入数千万元升级数字化系统。在随后的三年内，产生效益显著。

（二）服务数字化转型评价方法

服务数字化转型的成功评估不仅依赖于表面的结果指标，还需结合深度的定量与定性分析，形成一个多维度、全方位的评价体系。

1. 定量评估

定量评估是通过可量化的指标体系对转型效果进行具体度量，帮助企业通过数据直接验证转型目标的达成情况。定量评估通常涉及客户体验、运营效率、财务效益等多个维度，并能够通过对比分析展示转型前后的变化。

定量评估的首要步骤是设计核心指标，这些指标能够直接反映服务数字化转型的成果。常见的核心指标设计包括客户维度、运营维度、财务维度等。

（1）客户维度：客户满意度、客户留存率、净推荐值等。

（2）运营维度：如流程自动化率、单客服务成本等指标，能反映企业在运营效率上的提升。

（3）财务维度：衡量投资回报的财务指标，如数字化转型投入产出比和服务收入占比。

为支持定量评估的深入进行，数据分析技术为其提供了有力支持，常见的技术包括趋势分析、归因模型、预测模拟等。

（1）趋势分析：通过对转型前后数据的对比分析，识别转型带来的变化。

（2）归因模型：通过数据模型分析，评估各个数字化转型工具或策略对业务结果的具体贡献。

（3）预测模拟：使用蒙特卡洛仿真等技术评估风险和收益。

2. 定性评估

定性评估更关注那些难以量化但同样关键的影响因素，如企业文化、员工满意度、客户情感等。定性评估常通过专家评审、案例研究，以及直接从员工和客户处获得的反馈，深入剖析服务数字化转型的各个层面。

（1）专家评审：主要通过德尔菲法等方法，邀请行业内专家对服务数字化转型的效果进行评价。

（2）案例研究：通过纵向追踪或跨案例比较，揭示服务数字化转型中的关键成功因素。

（3）利益相关者访谈：这是一种常见的定性评估方法，在评估企业文化和员工参与度时尤为有效。

第二节　老字号服务数字化转型概述

一、老字号服务数字化转型的特征

由于老字号自身的特点，它们在推动服务数字化转型过程中，呈现出与其他企业不同的特征，比如更加注重品牌传承与创新的结合、更加强调以客户为中心的服务理念等。下面针对老字号在服务数字化转型过程中的特点展开叙述。

（一）注重品牌传承与创新相结合

老字号在服务数字化转型过程中特别注重品牌传承与创新的有机结合。一方面，老字号充分利用虚拟现实、增强现实、数字孪生等数字化技术，生动呈现与传播品牌的历史故事、文化内涵、传统工艺，让更多消费者尤其是年轻一代了解并认同老字号品牌的价值。另一方面，老字号在保持传统特色的基础上，借助数字化技术创新服务形式和内容。例如，全聚德推出线上智能点餐系统，不仅保留了传统菜品的特色介绍，还增加了 3D 菜品展示、智能推荐等功能，为消费者提供了全新的点餐体验。

（二）强化以客户为中心的服务理念

以客户为中心的服务理念是企业竞争的核心要素，老字号尤其注重客户服务。老字号利用大数据技术收集和分析客户的消费行为、偏好、历史订单等信息，建立精准的客户画像，并在此基础上为不同客户群体提供个性化服务。例如，吴裕泰茶庄通过 Wi-Fi 探针采集进店客户动线数据，优化货架陈列后，高毛利产品曝光率提升 45%，连带销售率增加 32%。

同时，老字号也在积极拓展服务渠道。除了传统的线下门店服务，还搭建官方网站、手机应用、社交媒体平台等线上服务平台，实现多渠道服务覆盖。通过整合线上线下多渠道数据，企业构建全面的客户数据平台，更深入地了解客户的需求、偏好、行为习惯等，从而提供更加个性化、贴心的服务。

（三）强调线上服务与线下服务的融合

老字号凭借其深厚的品牌底蕴和广泛的线下实体门店与服务网络，在服务数字化转型中，可以充分发挥自身优势，实现线上线下服务的深度融合与协同发展。

老字号大多拥有线下实体门店与服务网络。在服务数字化转型中，企业推动线下门店的数字化升级，通过引入智能设备、优化门店布局、提升服务质量等方式，打造智慧门店，为消费者提供更加便捷、舒适的购物环境。例如，吴裕泰茶庄改造50家智慧门店，设置自助茶饮机与AR茶艺体验区，延长顾客到店停留时间，提升客户转化率。

此外，老字号还构建线上线下一体化的服务体系，实现线上下单、线下取货/配送，线上线下同价等服务模式，打破渠道壁垒，满足消费者随时随地购物的需求。如张小泉刀具应用区块链技术实现价格溯源，确保线上线下价差率控制在合理范围内，保障消费者权益。

（四）数据驱动的服务决策

老字号在服务数字化转型过程中，可建立数据驱动的服务决策机制，通过全面收集、深入分析并有效应用数据，实现服务流程的优化、服务质量的提升以及服务创新的加速。

在服务质量评估方面，老字号利用数字化技术对服务过程进行实时监测与分析，及时发现并解决服务中的问题，提升服务一致性与客户满意度。例如，东来顺部署智能声纹分析系统，自动识别客户对话中的不满情绪，缩短服务补救响应时效，降低差评率。在服务创新决策方面，老字号基于数据洞察消费者需求与市场趋势，快速推出符合市场需求的新产品与服务。例如，茅台基于消费者品鉴数据开发43度“绵柔酱香”系列，旨在满足年轻消费者对低度酒的需求，提高产品竞争力。

二、老字号服务数字化转型面临的主要挑战

为应对激烈的市场竞争、提高效率、提升客户体验，大部分企业都积极推动服务数字化转型。然而，在实际的转型过程中，跟其他企业一样，老字号也面临着诸多挑战。这些挑战主要涉及技术、数据、组织等层面，下面将展开论述。

（一）技术与业务融合难度大

在服务数字化转型过程中，技术与业务的深度融合被认为是最为关

键的挑战之一。虽然现有的数字技术，如云计算、大数据、人工智能等，为企业提供了强大支持，但将这些技术应用于实际业务操作时，往往面临许多困难，包括技术的复杂性、组织内部文化和管理体系的适应问题等。技术的迅速发展，导致企业在选择合适技术时面临较大挑战，企业在实施过程中容易陷入“技术追逐”的困境。

（二）数据管理体系分散化与利用效能不足

数据的存储与管理是企业进行数字化转型过程中最为基础且紧迫的任务。企业不仅需要管理来自不同渠道（如线上平台、线下门店、社交媒体、客户服务等）的数据，还要面对数据格式不统一、数据存储方式不兼容等问题。而解决这些问题往往需要投入大量的资金、技术以及人力资源。此外，数据的有效利用也是许多企业面临的一大挑战，如何从海量数据中提取出具有价值的信息，仍然是许多企业难以解决的问题。

（三）数据孤岛与数据质量管理机制缺失

不同部门和系统之间的数据未能有效整合，形成数据孤岛，导致信息共享困难，影响决策效率。例如，某大型老字号的销售部门和财务部门各自拥有独立的数据系统，未能有效整合，导致销售数据和财务数据无法共享，影响了财务决策的准确性。在数据采集、存储和处理过程中，企业未能建立有效的数据质量管理机制，导致数据质量差，影响分析结果的准确性。

三、数字技术在老字号企业服务数字化转型中的应用价值

一些通用的数字技术在老字号服务数字化转型中有特色性表现，不少老字号企业已经启动服务数字化转型并落地了一些应用场景，尤其在智能客服机器人、个性化推荐、口味偏好分析等方面应用较为普遍，下面针对这些常见应用进行说明。

（一）智能聊天客服机器人

智能聊天机器人的应用为传统企业提供了高效、低成本的客户服务方案。自然语言处理技术的应用，使得智能客服系统不仅能够完成简单的客户咨询，还能处理复杂的服务需求，极大提升了服务效率和客户体验。例如，老字号全聚德通过部署智能客服机器人，在官网、微信小程序、APP等多个渠道提供多场景服务，涵盖菜品查询、门店导航、预约排队等常见需求。在餐饮高峰时段，机器人日均处理咨询量可达5000次以上，占客服总量的68%，有效减轻了人工客服的工作压力，提升了响应速度。此外，全聚德的客服机器人还支持语音识别与图像处理。顾客上传菜品图片后，机器人不仅能提供营养成分分析，还能展示历史背景和制作工艺，提升了用户的互动体验。这种智能化的客户交互方式在传统行业的服务领域中具有深远的应用价值。

（二）客户需求预测与个性化推荐

传统企业通过客户需求预测与个性化推荐，能够为消费者提供定制化的产品与服务，增强客户黏性，提升销售业绩。例如，老字号稻香村通过整合线下POS（销售终端）、小程序及电商平台等多渠道数据，构建了包含120多个标签的客户画像体系。通过这些数据可以识别不同类型的客户群体，如“传统糕点爱好者”或“健康轻食族”，针对年轻客群进行个性化推荐后，销售额提升了23%。另外，王老吉在其传统的凉茶销售中引入基于数据分析的个性化推荐系统，根据不同客户的购买历史和偏好进行精准的产品推送，在“95后”年轻人群体中，销量增长达到30%以上。

（三）基于大数据的口味偏好分析

随着消费者对个性化服务的需求不断增长，口味偏好分析成为企业产品创新的重要参考。通过大数据分析，老字号能够实时获取消费者对不同产品的喜好和反馈，从而调整产品生产和销售策略。例如，茅台通过收集并分析10万多条消费者品鉴数据，成功开发了“绵柔酱香”系列酒，并针对年轻消费者群体的需求进行调整，使复购率提升至58%。另外，王星记扇厂通过3D扫描重建传统制扇的108道工序，并利用AI算法优化排料方案，使原料的利用率从68%提升至92%，生产成本降低了25%。

（四）VR/AR（增强现实/虚拟现实）沉浸式营销体验

VR/AR技术的应用正在为传统产业带来全新的客户体验。通过VR和AR技术，老字号能够打造沉浸式的营销体验，增强品牌的吸引力，提升消费者的购买决策。例如，张一元茶庄通过构建“云上茶博馆”，用户借助VR设备可以身临其境地体验清代茶庄的历史场景，并通过互动参与制茶工艺，此举成功吸引了80万+用户，不仅增加了客户的停留时长，也大幅提升了品牌认知度。张一元茶庄还在其线下门店部署了AR茶具展示系统，该系统能虚拟展示茶艺师冲泡过程，并显示茶叶的营养成分与历史背景。这种创新的消费场景提升了顾客的互动体验，使客单价提升了28%，连带销售率增加了22%。

四、老字号企业服务数字化转型中常用软件产品

（一）客户关系管理（CRM）系统

CRM系统是服务数字化转型中的核心组成部分，通过对客户数据的全面管理，帮助企业实现客户全生命周期管理，提升客户体验，优化服务流程，并最终推动业务增长，是实现精准营销、销售自动化、客户服务优化的重要工具。下面重点介绍这个系统的功能以及应用价值。

1. 系统功能

CRM系统主要功能包括客户数据整合、销售流程自动化、市场营销管理等，具体如下。

（1）客户数据全景洞察：通过集成电商平台、社交媒体、线下POS

等多个数据源，CRM 系统能够实时构建动态客户画像，为精准营销和客户服务提供支持。

（2）销售流程智能化：通过自动化和人工智能驱动的预测分析，CRM 系统能够优化销售漏斗，自动识别潜在客户，并及时推送相关销售机会，还可以帮助企业提前预测市场变化和客户需求，减少库存积压，提升库存周转率。

（3）营销自动化引擎：CRM 系统中的营销自动化功能可以通过邮件、短信、社交媒体等多渠道进行营销活动的自动化管理，帮助企业有效提升客户转化率，优化营销资源的配置。

2. 应用价值

CRM 系统在提升客户体验、优化运营效率和推动商业增长等方面发挥了重要作用，具体如下。

（1）客户体验跃升：CRM 系统能够帮助企业通过精准的客户画像和个性化服务提升客户体验。通过对客户行为和需求的全面了解，企业能够提供更加贴近客户需求的服务，从而提升客户满意度和忠诚度。

（2）运营效率突破：CRM 系统在优化企业运营流程、提高工作效率方面同样具有显著价值。通过自动化的销售管理、客户服务和营销管理，企业能够减少人工干预，提升运营效率。

（3）商业增长驱动：CRM 系统的应用不仅能够提升客户服务质量，还能推动商业增长。通过精确的客户管理和数据分析，企业能够发现潜在的市场机会，拓展新客户，并提高现有客户的价值。

（二）智能客服系统（ICS）

ICS 已成为服务数字化转型的重要组成部分，助力企业提升服务效率、优化客户体验、降低运营成本。通过全渠道的客户服务接入、智能路由分配、情绪感知与处理、自动化问题解答等功能，ICS 不仅在改善客户体验方面发挥了关键作用，还推动了服务运营的优化。以下是智能客服系统的功能介绍及应用价值说明。

1. 系统功能

ICS 通过集成多项技术，实现了客户服务的自动化、智能化，涵盖了全渠道服务中枢、智能决策支持等核心功能，具体如下。

（1）全渠道服务中枢：全渠道服务中枢是智能客服系统的基础功能之一，它能够整合电话、社交媒体、邮件、APP、小程序等多个服务渠道，确保客户无论通过何种方式与企业联系，都能得到一致的服务体验。

（2）智能决策支持：智能决策支持通过意图识别引擎和情绪感知技术，系统能够实时分析客户的意图和情绪，做出精准的应对。意图识别引擎能够根据客户的输入内容自动匹配相应的答案或服务路径，从而提高响应效率和准确性。

（3）智能路由分配：智能客服系统能够通过客户画像、历史行为、服务请求类型等信息，进行动态的智能路由分配。根据客户的重要性、需求的复杂度以及服务人员的能力，智能系统可以将客户请求分配到最合适的服务人员或服务渠道，从而提高服务效率和准确性。

2. 应用价值

ICS 在提升效率、降低成本、增强客户体验等方面具有显著的应用价值，具体如下。

（1）效率与成本优化：智能客服系统通过自动化的服务流程，大大减轻了人工客服的工作负担，提高了服务的响应速度和处理效率，还能够通过数据分析和机器学习不断优化服务流程，提升服务质量。

（2）体验与转化提升：智能客服系统通过提供实时响应、个性化服务以及多种互动方式，显著提升了客户体验，还帮助企业提升了客户转化率和销售额。

（3）客户满意度提升：通过智能客服系统，企业能够提供更加快速、准确的服务响应，大大提升了客户的满意度。智能客服系统通过数据分析优化服务内容，提供个性化服务，帮助企业在市场竞争中脱颖而出。

（三）会员管理系统（MMS）

MMS作为服务数字化转型的重要组成部分，正被越来越多的企业应用于提升客户忠诚度、推动销售增长和优化运营效率。通过精细化的会员管理，企业可以实现会员生命周期管理，提升客户黏性，推动个性化营销与服务，从而提高市场竞争力。以下是关于会员系统的功能及应用价值介绍。

1. 系统功能

MMS的核心功能涵盖了会员数据管理、营销自动化、会员等级管理、积分和奖励系统等多个方面，具体如下。

（1）动态会员体系：动态会员体系是MMS中的一项重要功能，它允许企业根据会员的活跃度、消费频次等动态调整会员等级、积分和奖励，以提升客户黏性并激励更多消费行为。

（2）精准营销平台：精准营销是MMS的另一个核心功能。通过系统对会员数据的细致分析，企业能够根据客户的行为和偏好推送个性化的营销活动。这不仅提高了营销活动的效果，还能大幅度提升客户转化率和顾客满意度。

（3）数据驱动的决策支持：MMS通常集成强大的数据分析工具，帮助企业在海量的客户数据中挖掘潜在的商业价值，包括分析客户的消费行为、偏好变化以及市场趋势等，为决策层提供科学的数据支持，帮助企业快速响应市场需求。

2. 应用价值

MMS为企业带来的价值不仅体现在客户忠诚度提升，还体现在业务增长和成本优化等多个层面，具体如下。

（1）忠诚度与收益双提升：通过实施精细化的会员管理，企业能够显著提升客户的忠诚度和终身价值。这种忠诚度的提升往往直接带来企业收益的增加，尤其是在长期客户关系的维护方面。

（2）数据驱动的运营优化：通过对会员数据的全面分析，企业可以优化其产品、服务和营销策略，从而提升整体运营效率。这种基于数据的优化能够帮助企业在激烈的市场竞争中保持领先。

（3）商业增长驱动：会员管理系统的应用不仅能够提升客户体验和忠诚度，还能成为推动商业增长的强大驱动力。通过深入了解会员需求，企业能够精准制定营销策略，提升转化率并扩大市场份额。

第三节　老字号服务数字化转型的发展趋势

随着服务数字化转型的深入，未来的发展趋势将不再局限于单一技术的应用，而是融合技术创新、客户需求变化以及行业生态系统重构等多个方面，向更全面、立体化的方向发展。笔者认为，老字号服务数字化转型未来将呈现以下六大趋势。

一、技术融合与系统创新

在服务数字化转型过程中，技术的融合和创新成为推动企业变革的重要驱动力。多种先进技术的协同作用不仅加速了业务创新，还催生了新的服务模式，创造出前所未有的服务体验。服务数字化转型将依赖于多个技术的深度融合，尤其是人工智能、物联网、区块链、5G与边缘计算等技术的协同发展。同时，基础技术的不断进步也是推动服务数字化转型的核心因素，如生成式AI的出现为服务数字化转型提供了全新的解决方案。根据行业组织预测，到2026年，超过80%的企业将依赖多技术融合平台来支撑服务创新，这意味着技术融合将在未来几年内成为服务数字化转型的主流趋势。

二、个性化服务与定制化服务

随着客户需求的不断变化，个性化服务与定制化服务将成为未来服务模式的核心。标准化服务已逐渐无法满足客户的多样化需求，取而代之的是更加个性化和精准的服务。

企业将通过数据分析和人工智能技术，精准识别每个客户的个性化需求，提供量身定制的服务。例如，餐饮企业可通过实时分析顾客点餐数据与线上评价反馈，动态调整菜品推荐与服务策略，以提高顾客回头率。其关键在于搭建一套基于海量顾客消费数据的即时反馈体系，敏锐捕捉顾客口味偏好、用餐时间等需求变化。

三、全渠道服务体验

传统的服务渠道逐渐无法满足客户对便捷性和即时性的需求，因此，全渠道服务的深度融合将成为未来服务行业的核心趋势。

企业将深度融合各类渠道，实现多个线上和线下渠道之间的无缝对接，提供一致的客户体验。对于餐饮企业而言，可整合官方 APP、线下门店以及外卖平台，提高会员跨渠道订单比例及客单价。

四、自动化与智能化运营

未来，自动化与智能化将成为提升服务效率、降低运营成本的重要手段。通过将人工智能、机器学习和自动化技术融入服务运营，企业能够实现更高效、更智能的服务交付。在供应链管理中，企业可通过智能化预测提高产品的库存周转率；在客户服务领域，AI 客服系统的应用已成为常态，企业引入 AI 客服系统可处理大量日常顾客咨询，显著降低人力成本。

五、生态系统协同发展

未来，服务行业的数字化转型将不再是单一企业的独立行动，而是整个生态系统的协同发展。平台化、生态化将成为未来服务模式的核心，企业将通过与不同产业链和价值链的协作，实现资源的共享与优势互补。

随着技术的进步，企业开始构建多方协作的平台化生态。通过平台化生态构建，企业不仅能够扩展业务范围，还能通过与其他企业的协同合作，共享市场和技术资源。同时，服务数字化转型推动了产业链之间的数字协同，提升了整个产业链的响应速度和效率，增强了产业竞争力，为企业带来可持续的竞争优势。

六、创新模式不断涌现

服务数字化转型不仅推动了传统行业的升级，还催生了全新的商业模式。随着消费者需求的变化和技术的不断突破，订阅经济、共享服务、虚实融合等服务创新模式将不断涌现，塑造未来的商业格局。其中，订阅经济为企业带来稳定的收入流，增加了客户的黏性和长期价值；共享经济的平台化共享模式提升了资源利用效率，为企业提供新的收入来源，进一步深化企业的影响力；虚拟与现实的融合也是未来服务创新的重要趋势，虚实融合策略不仅开创了新的销售渠道，还增强了品牌的市场吸引力，提供了更高效的运营模式。

服务数字化转型的发展前景充满机遇。未来几年内，市场需求的持续增长、行业应用的不断拓展、生态系统协同的深入发展以及创新模式的不断涌现，将深刻改变全球服务产业的格局。企业需紧跟这一发展趋势，通过技术创新、商业模式革新和跨行业合作，打造服务数字化转型的核心竞争力，在激烈的市场竞争中脱颖而出，实现长期可持续发展。

第四节 老字号服务数字化转型案例分析

一、正餐行业服务数字化转型分析

正餐行业作为中国餐饮市场的核心组成部分，不仅承载着八大菜系的饮食文化传承，更以庞大的市场规模成为拉动消费、体现民生需求的支柱性业态。中国连锁经营协会联合美团发布的《2025 中国餐饮连锁化发展白皮书》显示，2024 年全国餐饮收入 5.5 万亿元，同比增长 5.3%，增速高于社会消费品零售总额（3.5%）的年同比增速，中国餐饮行业的基本盘规模仍在稳步扩大。中国烹饪协会相关负责人表示，2024 年中国餐饮市场呈现以下特点：一是稳定恢复，节假日期间掀起了餐饮消费的小高峰；二是餐饮行业竞争加剧，餐饮消费整体趋于理性，客单价下降，消费者更加注重质价比；三是餐饮连锁化率进一步提升，在行业竞争加剧、利润下滑的背景下，品牌化和连锁化成为餐饮企业发展的重要支撑；四是连锁品牌加速下沉，随着居民收入增加和基础设施改善，下沉市场居民消费能力不断提升，消费需求日益多样化，为连锁品牌提供了广阔的市场空间；五是积极拥抱数字化转型，餐饮企业积极推进人工智能、大数据、AR/VR 等科技在餐饮行业的应用；六是中餐出海发展加速，越来越多的中餐品牌开始主动出海，将国际化作为重要发展战略，拓展海外布局，积极寻找海外合作伙伴。①

（一）正餐行业服务数字化转型概况

正餐企业通常从顾客消费链路管理入手，在预订、点单、菜品生产、

①2024 年全国餐饮市场收入突破 5.5 万亿元 [EB/OL]. 国际商报数字报，https://epa.comnews.cn/pc/content/202501/23/content_20546.html.

会员服务等环节开展数字化转型，涵盖预订、点餐、供应链、会员、厨房管理等多个关键环节。

预订管理：借助数字化系统记录预订信息，有效解决传统预订信息不同步、易出错以及客户信息易丢失等难题。系统可智能识别顾客来电，同步展示顾客过往消费记录与个性化需求，助力企业提供专属服务。例如，部分连锁正餐品牌采用的预订系统，能够在顾客来电时，快速调取其历史订单中的忌口信息、座位偏好等，提前为顾客做好安排。

点餐管理：顾客点餐时，系统依据顾客口味喜好、用餐人数、历史消费记录等数据，智能推荐菜品，打破传统一维菜品展示模式，从口味、食材搭配、营养成分等多维角度呈现菜品价值。一些正餐企业的点餐系统，能根据季节变化、食材供应情况，向顾客推荐当季特色菜品，并详细介绍菜品的食材来源、烹饪方式以及适宜搭配的饮品。

人员管理：针对连锁门店，为确保标准作业流程（SOP）严格执行，通过巡店将店长手册、巡检手册转化为检查日志，并设置每日系统提醒。监督人员以拍照、视频形式记录工作情况，上传至云端，完成工作后系统自动打分，大幅提升内部人员工作效率。某知名连锁正餐企业通过这样的人员管理数字化手段，使门店员工的工作效率提升了30%。

供应链管控：参照成本管理的七个职能，即成本预测、成本计划、成本决策、成本预算、成本控制、成本分析、成本考核，构建严谨的成本管理科学体系，实现供应链全过程的数据化管控，精准把控成本。一家大型正餐连锁集团，通过供应链数字化管控，实现了食材采购成本降低15%。

会员管理：企业通过深度分析会员多次消费行为，利用后台大数据为消费者精准打标签，持续完善客户画像，从而为顾客提供个性化专属服务，逐步将普通顾客转化为忠实会员。如一些正餐企业为高频消费且偏好海鲜菜品的会员，定期推送海鲜新品优惠活动。

厨房管理：餐饮企业运用厨房显示系统（KDS），有效解决出菜慢问题。该系统在提升出品效率的同时，能够明确量化厨房各岗位单位时间的产出，为岗位绩效管理提供精准数据支撑。部分正餐门店使用 KDS 后，出菜速度平均提升了 10 分钟。

财务管理：引入数字化转型系统，大幅节省财务人员时间，使其得以从经营视角落实财务监督管理职能。期望正餐企业经营者借助成熟的数字化转型运营体系，依托智能软硬件，在专业运营人员指导下，顺利实现数字化转型。通过财务数字化系统，财务人员处理账务的时间缩短了一半，有更多精力参与财务分析与决策支持。

（二）正餐行业服务数字化转型的典型场景

门店采购场景的数字化转型：为保证菜品品质超越顾客预期，食材采购需精准控制数量并严格监管质量。餐饮系统内置智能算法，根据历史销售数据、当前预订情况及库存现状，智能生成订货量参考值，为厨政人员提供科学决策依据，结合实际经验，确保订货量精准无误。同时，系统与各类食材供应商对接，供应商依据订货量发货，自动关联应付账款，保证食材库存数据一一对应。食材送达后，通过智能电子秤称重入库，同步打印标签二维码、拍照留存，实现食材一键溯源。例如，某正餐品牌通过门店采购数字化系统，将食材库存周转率提高了 20%。

管理场景的数字化转型：某知名餐饮门店年均营业额超 1 亿元，在管理数字化转型过程中，店长作为一线管理者，对门店经营结果负责并分享收益。企业从“团队管理”“业务管理”“品质管理”“人事管理”“督导管理”“安全管理”“后勤管理”“利润管理”“公关管理”等超 10 个维度对店长进行考核，每个维度下设多项明细指标。数字化转型通过量化指标、追溯行为构建管理模型，系统汇总呈现各项数据，极大提升管控体系落地效率，快速实现对店长综合能力的考评。该门店在数字化管理转型后，店长的考核周期从原来的一个月缩短至一周，且考核结果更加客观准确。

绩效管理的数字化转型：传统模式下，前厅通过点单统计绩效提成较为成熟，但厨房因灶头、档口、厨师关系复杂，难以将出品量化到人。企业对厨房进行数字化改造，建立灶头、厨师与菜品的关联，系统根据点单数量、出品效率自动分配任务给相应厨师。当出品出现“拥堵”时，自动调配给效率更高的厨师，类似“滴滴”抢单模式。该模式既能管控出品效率，又能把控出品质量，且每次出品均可关联前厅点单与退单，形成完整追溯链条。一家实施厨房绩效管理数字化转型的正餐企业，厨房出品效率提升了 25%，顾客对菜品质量的投诉率降低了 30%。

二、火锅行业服务数字化转型分析

火锅行业是老字号集中的重要餐饮领域。据艾瑞咨询《2024 年中国火锅行业发展洞察报告》数据显示，2024 年火锅市场规模达 5966 亿元，预计 2024—2028 年复合增长率为 7.2%。下沉市场发展态势迅猛，门店占比超 55%，三线及以下城市市场增速尤为显著。美团研究院《2024 中国餐饮大数据白皮书》指出，火锅连锁化率达 25%，其中头部品牌海底捞门店数量达 1360 多家，众多区域品牌也在加速市场扩张。当前，火锅企业数字化转型进程不一，智能点餐普及率超 90%，外卖业务持续增长，数字化覆盖率达 60%。

（一）火锅行业服务数字化转型发展概况

火锅作为餐饮业的重要分支，面临市场竞争激烈、原材料与人力成本高企、管理难度大等挑战。借助数字化转型系统进行管控，可有效提升企业运营管理效率与盈利能力。

火锅行业企业普遍构建前厅后厨高效联动的数字化管理模式。通过打造“智慧餐厅”，与对接 CRM 会员体系的自有商城电商相结合，实现顾客线上消费全闭环，拓展销售场景。同时，将数字化手段应用于加盟店精细化管理，利用订货及智能分账系统，统一管理加盟店信息流与资金流，保障管理要求有效落地。通过服务数字化转型，火锅企业逐步形成从业务在线驱动、过程精益管理到数字化智能决策的完整落地体系。

（二）火锅行业服务数字化转型解决方案

点餐数字化转型：以优化点餐流程、提升用餐体验为核心。支持锅底优先下单，有效缩短用餐时长，提高翻台率；通过客位分组，针对不同客位展示个性化菜品，满足多样化需求；采用一品多价策略，根据区域差异灵活定价；顾客出示微信付款码即可自动享受会员权益并完成混合支付；对接电子秤实现串串称重下单，进一步提升点餐效率。

后厨预制模式数字化转型：精准预估销售，优化库存管理。依据历史营业数据预估品项销量，并结合天气、节假日、特殊活动等场景灵活调整。通过屏幕展示预估数据，智能推荐预制量，为预制人员提供明确参考；库存数据与前厅下单数据实时联动，便于查看与操作。

智慧餐盘数字化转型：提升顾客体验的同时降低人员成本。采用食客明档自选模式，并配套专业解决方案；结合绩效管理数字化转型，适配各岗位激励方式，员工通过手机绑定设置提成项，系统自动计算提成并生成统计结果。

零售商城数字化转型：致力于打造个性化购物体验，充分释放私域流量价值。支持千店千面的自定义排版与个性化装修；实现会员数据互通，会员可使用余额、会员券、积分购物并享受特权价；针对不同卡型会员设置差异化价格，提供自提与快递配送自由选择，支持快递实时追踪；通过商品评价管理提升销量，商家可推荐优质评价至商品详情页；借助佣金奖励机制刺激裂变传播，分销员可获得购买商品及邀请客户的双重佣金。

食材零售数字化转型：简化操作流程，提高销售效率。实现标品称重一体化，操作便捷；促销改价轻松易操作，一体机支持商品录入、盘点、报损等功能；实时显示库存数量，实现销售与库存数据联动。

连锁管理数字化转型：提升管理效率，保障标准化执行。将店长手册日常工作 SOP 电子化，通过照片、视频采集现场完成情况，监督门店工作并自动计算绩效分数；巡店管理实现计划审批电子化，支持卫星定位签到、签退，整改情况在线实时查看与定向提交，确保管理标准严格落实。

三、快餐行业服务数字化转型分析

快餐行业中既有众多新生代品牌，又有像麦当劳、肯德基这样历史悠久的品牌，它们在行业中占据重要地位，彰显了快餐行业长久发展的底蕴。据美团研究院《2024 中国餐饮大数据白皮书》数据显示，2024 年快餐市场规模预计达 1.35 万亿元，其中小吃快餐赛道贡献显著，门店数量超 357 万家。尽管快餐行业整体利润率因价格战受到挤压，但以百胜中国为代表的头部品牌，通过降本增效实现了利润增长。截至 2024 年，根据中国烹饪协会相关统计，快餐行业综合税负率约 3%~6%，按平均单店 5~10 人估算，从业人员规模约在 1785 万 ~3570 万人，连锁化率提升至 25%，行业内企业数字化转型程度存在差异，智能点餐普及率超 90%，外卖业务占比达 46.5%。

（一）快餐行业服务数字化转型阶段

快餐行业服务数字化转型进程大致可划分为以下四个阶段。

孵化期：此阶段企业的核心目标是实现生存突破。处于该阶段的快餐企业，在信息化建设方面，首要任务是借助数字化转型达成“信息透明化”，减少经营过程中的不确定性。因此，在数字化转型系统部署时，应聚焦基础功能模块，避免盲目追求大而全。

发展期：该阶段企业着重于规范化管理。此时的快餐企业已初具连锁化特征，公司决策依赖组织效能。企业需遵循“循序渐进、粗细有度”的原则逐步建立规范化管理体系，数字化转型建设也应契合这一理念稳步推进。

规模期：此阶段企业致力于规模化发展。信息化建设的关键在于提升协同效率，预防大企业病过早出现。需确保信息化覆盖无盲区，实现营运、营销、供应链、内控等环节的完整闭环。

高峰期：该阶段企业追求基业长青。当发展至此阶段，企业面临的核心问题是如何维持品牌活力。此阶段往往会涉足前端多元化发展，数字化转型建设应以确保中台集中、后台统一为核心，以此为基调持续发展。

（二）快餐行业服务数字化转型典型场景

快餐行业企业通常借助小程序开展线上运营，并着力打造私域经营闭环，以下为具体场景介绍。

自研小程序线上运营：某知名快餐老字号，在短短2个月内，通过自研小程序新增会员超200万，并成功培养会员形成“充值有礼—消费得积分—积分换菜”的消费路径。该小程序作为会员功能与服务的核心载体，整合了扫码点餐、预点自提、自营外卖、在线商城、营销活动等功能，成为面向所有用户的统一服务平台。

基于企业微信的私域经营闭环构建：某老字号于2023年7月启动企业微信社群项目。店长可通过企业微信一键创建活动并发布至社群，实时查看社群运营数据与方法。借助CRM系统数据，为企业微信好友精准打标，如“忠诚客”“流失客”“早餐偏好者”等，助力店长深入了解客户，并依据标签实现精准信息推送。企业还在美团外卖、饿了么、支付宝/口碑等平台建立入会通道，打通公域与私域数据，实现双向协同，不断完善用户数据。

外卖平台促销提升曝光度：另一快餐老字号为提升在外卖平台的曝光度，依据消费者外卖点餐频率，推出“釜山猪排拌饭（原价28元）特价8元”促销活动（每单限购一份，起送价20元，企业实际应收每份18元）。活动效果显著。

四、广州酒家集团服务数字化转型分析

广州酒家集团创立于1935年，是中华老字号企业，旗下拥有广州酒家、利口福、陶陶居三个中华老字号品牌，享有“食在广州第一家”的美誉。2017年，集团在上交所上市，成为广东省首家上市饮食集团。公司以“食品 + 餐饮”双主业运营，食品业务涵盖广式月饼、速冻点心、腊味及预制菜等；餐饮业务主打广府粤菜，旗下“广州酒家”“陶陶居”“利口福”品牌门店近400家。近几年，食品业务作为第二增长赛道成绩斐然，2024年速冻食品产能达6.5万吨/年，月饼销量突破1374万盒。目前，食品业务占比超70%，月饼业务收入位居行业前列。2025年，集团加速数字化转型，与美团合作推出无人机配送，优化外卖流程，并通过电商平台拓展全渠道销售，强化老字号品牌年轻化布局。

（一）数字化管理系统建设

预算管理系统：2021年，集团全面推广应用预算管理系统，完成当年度预算数据的编制、导入和验证，涵盖资本性支出、费用、成本、收入等预算内容。截至10月底，系统累计新增76家公司架构，设置国资委报表、分品项预算、月度报表、授信管理和业务板块等8大分类，共计115张报表。通过细分预算管理维度，优化报表样式和审批流程，以电子化方式显著提高预算编制效率，为集团费用控制提供有力支持。

电商自定义报表平台：2021年，电商自定义报表平台正式上线，支持电商公司人力、财务、仓库物流、销售等板块的自定义分析，可连接内外部不同类型数据源。通过类Excel的操作方式，业务部门人员能够快速获取数据分析结果，减轻了数据分析人员的工作量，提升了分析的效率、及时性和准确性。

（二）自动化与智能化应用升级

自动化流程机器人：2021年开始在利口福、电商公司推进自动化流程

机器人应用，梳理出物料、供应商、财报、价格维护、成本计算等12个业务场景，从而替代大量重复性人工操作，提高工作效率。例如，利口福新增物流管理流程，减轻财务管理人员工作量，提升数据维护的及时性和准确性；中秋期间，电商公司自动开票机器人1天可完成相当于15人1天的工作量，效率提升15倍；舆情分析机器人30分钟可完成相当于1人1天的工作量，效率提升16倍以上。此外，电商公司还增加投诉订单抓取、赔付订单抓取等8个新应用场景，其中投诉订单、赔付订单抓取效率比人工操作提高3倍以上，一件代发订单处理在订单高峰期处理时效提高10倍以上，订单发货情况抓取解决了中秋期间订单量大时的数据获取难题。

月饼统计商业智能系统：在集团财务部及相关单位主导下，开发完成月饼统计商业智能系统，实现按端口（自有、内销）、按品牌（月饼系列）的累计销售量、累计销售额、销售量达成率、本日库存量分析，以及按日针对不同销售端口的趋势分析。预计在未来可实现统计自动化，解决长期存在的“数据不准、统计不及时、人力耗费大”问题。

（三）财务与数据体系优化

财务共享费用报销平台：自2023年6月起，餐管中心、营销中心和制造中心陆续启用费用报账系统，用户可通过系统提交借款/预付、费用申请、费用报销、费用预提、还款等5类单据。该系统实现与OA、钉钉待办对接，审批人员通过OA系统可及时审批处理费用报账单据，取代以往纸质签字流程，大幅提升审批效率。同时，申请人可自行在系统上查询单据附件详情，使财务人员能更专注于财务工作。

智能数据系统：通过分析梳理零售、电商等销售渠道系统底层数据模型规则，整合零售、旺店通、沧海、猫超等源端系统涉及的86个数据模型，按照场景需求组合成库存、销售汇总模型数据至数据仓库标准层。标准数据依据规则，按天的粒度以及品牌、端口、产品、客户、仓库、来源等主要维度汇聚成主题。完成月饼销售统计报表开发，上线 10 个业务报表和 6 个仪表盘，从品牌、端口、品种等多维度对月饼销售收入及库存数据进行分析。该系统为全集团节省至少 10 个财务人员处理销售统计任务，实现“快、准、灵”的目标。

数据治理平台：根据《广州酒家集团企业绩效管理（智能数据系统）项目》规划，项目分为数据接入平台、数据治理平台和数据报表分析三个实施阶段。未来计划建立主数据管理平台与主数据质量保证体系，梳理库存对账主数据属性应用情况，实现各公司各系统库存流水对账一致性。

（四）综合管理与服务提升

综合决策管理驾驶舱系统：综合决策管理驾驶舱系统项目按计划完成系统搭建及看板开发任务。项目旨在搭建高可用基础数据分析平台，整合集团内各类数据资产，推出集团级一站式数字化综合管理驾驶舱，提升集团数字化管控能力。2024 年 11 月，完成项目招标文件整理，组织多方开展 11 场业务调研，收集 45 份原始材料，形成需求调研报告，并完成 5 次原型评审；12 月，完成集团总部、利口福等 5 个经营分析驾驶舱开发，提供 8 大主题共 124 个查询报表，满足企业多层级数据需求。下一步，将优化驾驶舱报表数据，迁移 BI 系统报表，并整合餐饮、食品营销等多业务板块数据，聚焦关键数据的沉淀与汇聚，为集团精细化管理和科学决策提供支持。

人力资源系统：基于集团一体化数字底座，构建新一代人力资源平台，推动人力资源管理向战略型转变。项目自 2024 年 1 月启动，经过 30 余场调研面谈会和接口方案评审，完成 27 轮测试培训工作。截至 2024 年 11 月，已上线组织人事与考勤模块，并完成薪酬模块配置。系统应用后，用户查询员工信息时间从 10 分钟缩短至 1 分钟，员工入离职信息审核结算周期从 1 小时缩短至 15 分钟，显著提升人力资源管理效率。

客服中心 400 电话服务数字化转型：服务数字化转型推动了广州酒家

集团服务标准的统一与提升，通过系统化管理保障客户享受一致、高质量的服务体验。热线客诉比逐年下降，从2021年的较高数值降至2024年的5.96%。在社交媒体和电商平台上，集团正面评价数量显著增加，企业口碑和市场竞争力得到提升，体现了数字化客服项目在提升客户满意度和优化内部管理流程方面的显著成效。

主要参考文献

[1]于海澜，唐凌遥．企业架构的数字化转型[M]．北京：清华大学出版社，2019．

[2]马晓东．数字化转型方法论：落地路径与数据中台[M]．北京：机械工业出版社，2021．

[3]马述忠，濮方清，潘钢健，等．数字贸易学[M]．北京：高等教育出版社，2022．

[4]王喜文，朱光辉．6T新思维：5G时代的企业数字化转型与管理之道[M]．北京：中国人民大学出版社，2022．

[5]中国信息通信研究院．2024企业数字化转型技术发展趋势研究报告[R]．2024．

[6]中国连锁经营协会．无人零售：技术驱动商业变革[M]．北京：机械工业出版社，2018．

[7]中国网络空间研究院．世界互联网发展报告2021[M]．北京：电子工业出版社，2021．

[8]左鹏飞，姜奇平．数字经济学（宏观经济卷）[M]．北京：中国财富出版社，2022．

[9]卢福财．数字经济学[M]．北京：高等教育出版社，2022．

[10]用友云平台团队．数字化中台[M]．北京：电子工业出版社，2021．

[11]任保平．数字经济学导论[M]．北京：科学出版社，2022．

[12]华为企业架构与变革管理部．华为数字化转型之道[M]．北京：机械工

业出版社，2023.

[13]华为技术有限公司，国家发展和改革委员会创新驱动发展中心(数字经济研究发展中心). 企业数字化转型投入产出关系研究报告——数字化转型助力高质量发展[R]. 2024.

[14]刘继红，江平宇. 人工智能：智能制造[M]. 北京：电子工业出版社，2020.

[15]刘通. 大话数字化转型：迎接全行业的数字未来[M]. 北京：电子工业出版社，2022.

[16]刘宇熹. 企业数字化转型与实践[M]. 北京：清华大学出版社，2023.

[17]刘越. 数字经济学导论[M]. 长春：吉林大学出版社，2021.

[18]刘志毅. 数字经济学：智能时代的创新理论[M]. 北京：清华大学出版社，2022.

[19]刘继承. 数字化转型 2.0[M]. 北京：机械工业出版社，2022.

[20]刘导. 新零售：电商 + 店商运营落地全攻略[M]. 北京：机械工业出版社，2019.

[21]安筱鹏. 重构：数字化转型的逻辑[M]. 北京：电子工业出版社 2019.

[22]孙毅. 数字经济学[M]. 北京：机械工业出版社，2023.

[23]李涛，刘航. 数字经济学导论[M]. 北京：高等教育出版社，2022.

[24]杨浩. 直播电商 2.0[M]. 北京：机械工业出版社，2020.

[25]张继焦，文学国，刘卫华. 老字号蓝皮书：老字号企业发展报告(2023—2024)[M]. 北京：社会科学文献出版社，2024.

[26]陈雪频. 一本书读懂数字化转型[M]. 北京：机械工业出版社，2020.

[27]国家信息中心. 中国餐饮业数字化发展报告(2024)[R]. 2024.

[28]金蝶软件(中国)有限公司. 重构数字化战斗力——中小企业的数字化转型之路[M]. 北京：人民邮电出版社，2021.

[29]钟华. 数字化转型的道与术：以平台思维为核心支撑企业战略可持续发

展[M]. 北京：机械工业出版社，2020.
[30]美团外卖袋鼠学院团队. 解构外卖新业态：重塑增长[M]. 北京：电子工业出版社，2019.
[31]姚建明. 企业数字化转型[M]. 北京：清华大学出版社，2022.
[32]戚聿东，肖旭. 数字经济概论[M]. 北京：中国人民大学出版社，2022.
[33]商务部流通产业促进中心. 老字号数字化转型与创新发展报告[R]. 2022.
[34]清华大学全球产业研究院. 2024中国企业数字化转型研究报告[R]. 2024.
[35]程絮森，杨波，王刊良. 数字经济与数字化转型[M]. 北京：中国人民大学出版社，2024.
[36]程絮森，杨波，王刊良，等. 电子商务商业模式及案例[M]. 北京：清华大学出版社，2022.
[37]温柏坚，高伟，彭泽武，等. 大数据运营与管理：数据中心数字化转型之路[M]. 北京：机械工业出版社，2021.
[38]谭铁牛. 人工智能：用AI技术打造智能化未来[M]. 北京：中国科学技术出版社，2019.

后　记

为什么要写这本书呢？还得从以下故事说起。

商务部原副部长姜增伟长期分管国内贸易工作，后出任中国国际贸易促进委员会会长。2008 年，他带领我们（老字号龙头企业高管）访问日本、韩国，在与这些国家的著名品牌商、百年老店交流时，他时时提醒要学习人家老字号的保护传承与创新发展。2013 年前后，商务部开展零售企业分等定级工作，我们向姜副部长请示汇报时，听取了他关于培育民族品牌、促进诚信经营等要求。商务部在其主导下，持续推动零售业有序发展，为企业品牌打造和老字号发展奠定了基础。

进入数字经济时代，如何将老字号发扬光大？听了时任工业和信息化部副部长杨学山关于数字经济的讲座后，我深受启发。杨副部长表示，发展数字经济是国家战略，产业数字化是数字经济的主战场，企业数字化转型则是产业数字化的核心。这让我更加意识到，将老字号传承创新与数字化转型紧密结合，正是推动老字号发展的重要路径。

中国商业联合会姜明会长是行业老领导，亦是我的老朋友，他对品牌与老字号尤为重视。在其倡导下，国内首部品牌国家标准《商业企业品牌评价与企业文化建设指南》出台，以该标准为依据的“中国企业五星品牌论坛”于 2014 年开启发展历程。姜会长提出，中国品牌与老字号需依托高端制造业、信息技术等新兴产业，带动经济转型升级。其关于信息技术产业发展的论述，让我联想到中国信息经济学会谢康理事长——作为我研究生阶段的任课老师，谢会长在信息化、数字化领域造诣深厚，长期从事信息经济学、信息技术教学与研究，致力于中国情境的数字经济理论创新与实践，在企业数字化转型管理创新、信息化与工业化融合等方面有开拓性研究。两位会长的启发，进一步坚定了我将老字号与数字化结合研究的决心。

以上故事仅是我数十年老字号工作中的吉光片羽。30多年来，我在商业与技术领域不断探索沉淀，始终未脱离老字号领域；近10年推进数字化转型、担任上市公司首席数据官的经历，更让我对老字号与数字化满怀深情。一个理工男与老字号、数字化的相遇，本质上是工业文明与数字文明的几何拓扑式重叠。波士顿咨询调研显示，76%的消费者通过社交平台认知传统品牌，这表明数字经济已悄然重构老字号商业文明的演变密码。试想，百年老店融入数字洪流，那些承载着民族记忆的牌匾正经历前所未有的淬炼——这并非简单的技术叠加，而是一场触及商业本质的未来革命。当故宫口红在电商平台创下惊人销售纪录，我们看到的不仅是流量奇迹，更是文化基因在数字语境下的必然表达，是老字号智慧向可穿越文明断层的数字密码的转化。回顾商业史，每次技术革命都是对时间秩序的重新丈量：变的是商业结构的排序组合，不变的是文明传承的基因内核；是有限资源与无限创新的辩证统一，是在新旧矛盾中达成的商业数字美学的永恒和谐。

在本书写作过程中，我先后参阅大量老字号与数字化转型相关资料，走访众多政府机关、行业协会、科研院所及企业单位，获取了珍贵的一手信息。这一过程中，承蒙不同时期、不同层级的领导、前辈、专家及从业者悉心指导与支持，特别感谢在数字信息技术领域给予创新洞见的专家学者，以及在品牌老字号研究中提供专业判断的经济学家、管理学者和企业家。感谢广州酒家、陶陶居、利口福等中华老字号企业，感谢汤文胜、黄达尧、王向东、吴思思、李逸雯等专家。由于篇幅限制，文中参阅资料未能一一标注出处，在此谨向所有支持者致以最诚挚的谢意。

潘建国

2025 年 5 月